„Herr, wir bitten Dich:
Gib uns die Kraft, zuversichtlich
in die Zukunft zu schauen."

Detlef Sachse

Krankheit – Glaube – Zuversicht

Mein Jakobsweg
mit Parkinson

Bibliografische Information der Deutschen Nationalbibliothek:
Die Deutsche Nationalbibliothek verzeichnet diese Publikation in der Deutschen Nationalbibliografie; detaillierte bibliografische Daten sind im Internet über dnb.dnb.de abrufbar.

© 2020 Detlef Sachse

Herstellung & Verlag: BoD – Books on Demand, Norderstedt

Hinweis:

Zum Schutz ihrer Persönlichkeitsrechte wurden die Namen der im Buch genannten Mitpilger geändert.

ISBN   978-3-7504-9797-9

Inhalt

Aufbruch

Schon lange habe ich mich auf diesen Augenblick gefreut: den Start der letzten Etappe meiner Pilgerreise auf dem Jakobsweg nach Santiago de Compostela. Voller Zuversicht, ja Euphorie, schultere ich nach Monaten der Vorbereitung Ende April 2015 meinen Rucksack und begebe mich per Bus und Bahn zu meinem Ausgangspunkt, dem Städtchen Saint-Jean-Pied-de-Port am Fuße der Pyrenäen.

Start in Meersburg am 21.04.2015

Meine Frau begleitet mich zur Bushaltestelle. Sie sieht meiner Wanderung mit Sorge entgegen und fürchtet, dass ich mich übernehmen oder mir etwas zustoßen könnte. In Gedanken malt sie sich aus, wie ich am Ende im Krankenhaus lande und sie mich daraufhin wieder irgendwie nach Hause bringen muss. Aber sie behält ihre Bedenken für sich, will mir die Vorfreude nicht verderben. Umso mehr bin ich ihr und meinen beiden Söhnen dankbar, dass sie mich im Wissen um die Bedeutung des Weges für mich ziehen lassen. In ihren Gedanken begleiten sie mich und befehlen mich ihren Schutzengeln an.

Rückblende

Im Zug nach Saint-Jean-Pied-de-Port lasse ich meine bisherigen Reisen auf dem Jakobsweg Revue passieren. Die weltbekannte Pilgerroute fasziniert mich schon lange, vor allem seit ich weiß, dass sich ihr Wegenetz bereits vor 1.000 Jahren, im „finsteren Mittelalter", durch ganz Europa zog. Es reizte mich daher stets, eines Tages diesem Weg mit seinen ganz unterschiedlichen Landschaften, Klimazonen, Ethnien und Sprachen bis an sein Ende im spanischen Santiago de Compostela zu folgen. Diese Sehnsucht wurde noch dadurch verstärkt, dass er auch durch meinen damaligen Wohnort Meersburg am Bodensee führte, ich ihm somit regelmäßig bei meinen täglichen Spaziergängen begegnete. So folgte ich ihm etwa auch des Öfteren zur nahegelegenen „Dreifaltigkeitskapelle", die umgeben von dichten Wäldern und tief eingebettet in eine liebliche Wiesenlandschaft im kleinen Weiler Breitenbach, östlich von Meersburg, liegt. Die Pilgerhistorie des kleinen Kirchleins reicht zurück bis ins Mittelalter, worauf Rötelzeichnungen von Jakobsmuscheln und anderen

Pilgermotiven an den Wänden hinweisen. Oft zündete ich hier eine Kerze an und betete für die Erfüllung meines Pilgertraums wie auch das Wohl meiner Familie. Im Sommer traf ich zudem manchmal auf Pilger, mit denen ich mich über ihre Herkunft und Ziele austauschte und die ich teilweise die rund 5 km bis zum Anleger für die Fähre nach Konstanz begleitete.

Im Jahr 2010 wagte ich schließlich selbst den lang ersehnten Schritt und absolvierte meine erste Etappe auf dem Jakobsweg, die mich von Meersburg bis nach Schwyz in der Zentralschweiz führte.

Diagnose: Morbus Parkinson

2011 wurde bei mir die unheilbare degenerative Nervenerkrankung Morbus Parkinson, kurz MP, diagnostiziert. Das Absterben bestimmter Nervenzellen im Gehirn führt dabei zu einem Mangel des Botenstoffs Dopamin und damit letztlich zu einem fortschreitenden Verlust der Körperkontrolle. Neben dem typischen, als „Tremor" bezeichneten Zittern, das in meinem Fall allerdings eher schwach ausgeprägt ist, äußert sich die Krankheit vor allem in einer allgemeinen Bewegungsarmut, der sogenannten „Akinese", die den ganzen Körper betrifft. Sämtliche Bewegungen wirken dadurch steif, hölzern und eckig.

Erste, damals noch unverstandene Anzeichen der Erkrankung zeigten sich bei mir schon 2005, als ich anfing, über nahezu jede Schwelle zu stolpern und mir dabei manch blutige Nase holte. Später kamen dann nach und nach weitere Symptome hinzu. So rollen meine Füße mittlerweile beim Laufen nicht mehr richtig ab, da der Fußhebermuskel seinen Dienst versagt. Statt auf der Ferse setze ich mit den Ballen auf und schlurfe dadurch. Entsprechend abgenutzt sind die Sohlen meiner Stiefel.

Typisch für mein Krankheitsbild ist auch die sogenannte „Pisa-Haltung": Wie der weltbekannte Turm knickt mein Oberkörper permanent nach rechts weg und ich bewege mich, als ob ich zu viel getrunken hätte. Mein Reaktionsvermögen sowie meine feinmotorische Steuerung werden zunehmend schlechter, mein Schriftbild dadurch immer kleiner und unleserlicher. Überdies klingt meine Stimme monoton, meine Mimik erstarrt, mein Gesichtsausdruck wirkt maskenhaft. Ich bin außerdem deutlich geräuschempfindlicher als früher.

Ein weiteres, besonders unangenehmes Symptom ist der „Imperative Harndrang". Dieser unvermittelt, manchmal im Viertelstundentakt auftretende, kaum zu kontrollierende Drang, Wasser zu lassen, macht jeden Stadtbummel, jeden Ausflug zu einer Herausforderung.

Neben den physischen Beeinträchtigungen bemerke ich auch eine gewisse geistige Verlangsamung. So kommt bei mir häufig die Sprache mit dem Verstand nicht mehr mit. Mir fehlen quasi die Worte und ich fange an zu stottern. Da mein Kurzzeitgedächtnis nachlässt, muss ich oft Dinge nachfragen. Mir ist diese Vergesslichkeit peinlich, für meine Umgebung ist sie auf Dauer eine Belastung.

Wie andere schwere, unheilbare Krankheiten verändert der MP zudem mein Wesen. Das äußert sich zum Beispiel darin, dass ich mich zurückziehe und lieber für mich bin. Wohl auch deshalb bin ich lange Strecken meines Pilgerweges allein gewandert. Darüber hinaus laufe ich Gefahr, schnell unleidlich zu werden und andere Mensch damit zu vergraulen.

Der MP kommt mir wie ein Krake vor, der ein Körperteil nach dem anderen umschlingt und seine Funktion außer Kraft setzt, während der Verstand hilflos zusehen muss. Ich kann diesen Verfallsprozess nicht aufhalten, sondern nur versuchen, meine Einstellung dazu zu gestalten. Oder, wie mir ein Pater im Kloster Münsterschwarzach 2016 bei einem Seminar über den Umgang mit Krankheiten mit auf den Weg gab, darauf hoffen, dass „Gott mir mein freundliches Wesen erhalten möge".

Zum Glück nahm die Erkrankung bei mir lange Zeit einen vergleichsweise milden Verlauf. Vielleicht lag das auch daran, dass ich bis heute viel für die Erhaltung meiner Beweglichkeit unternehme, zum Beispiel Physiotherapie, Gymnastik, Qi-Gong oder Nordic Walking – und das immer mit der Überzeugung, dass ich mir damit selbst etwas Gutes tue!

Als an Parkinson Erkrankter sollte man allerdings größere körperliche Belastungen vermeiden, um der Krankheit nicht in die Hände zu spielen und den eigenen Zustand noch zusätzlich zu verschlechtern. Wenn es danach gegangen wäre, hätte ich meinen Traum vom Jakobsweg schon 2011, unmittelbar nach meiner Diagnose, begraben müssen. Ich entschied mich jedoch, für ihn zu kämpfen und weiterzumachen.

Um nicht allzu blauäugig an die Sache heranzugehen, ließ ich von da an vor jeder weiteren Wanderung meine Tablettendosierung von meiner Neurologin überprüfen. Diese war von meinem Vorhaben zwar alles andere als begeistert, unterstützt mich aber dennoch nach Kräften. Auch wenn der MP zu dieser Zeit bereits zunehmend sicht- und spürbar war, belastete er mich, abgesehen vom Harndrang und den etwa 200 Tabletten, die ich jedes Mal mit mir herumschleppen musste, nicht weiter. Trotzdem war mir schon damals bewusst, dass dies nicht so bleiben würde. Durch die Krankheit nimmt die körperliche und geistige Leistungsfähigkeit überproportional zum normalen Alterungsprozess ab. Über kurz oder lang würden daher meine Kräfte nicht mehr ausreichen, um den Weg zu vollenden. Nur wann dies der Fall sein würde, konnte ich noch nicht erahnen.[1] In Anbetracht des Fortschreitens der Erkrankung war mir aber klar, dass ich den letzten, längsten und wohl auch anstrengendsten Abschnitt, von Saint-Jean-Pied-de-Port nach Santiago de Compostela, so bald wie möglich angehen sollte. Mit den Erfahrungen, die ich auf meinen Wanderungen durch die Schweiz und Frankreich gesammelt hatte, fühlte ich mich bestens gerüstet. Die Möglichkeit, zu scheitern, kam mir gar nicht in den Sinn.

Die Bedeutung des Weges für mich

Bei meiner Reise auf dem Jakobsweg ging es mir zunächst in erster Linie darum, Lösungsansätze zu finden, wie ich mir im Angesicht meiner Erkrankung eine positive Lebenseinstellung, mein Selbstwertgefühl beziehungsweise meine Selbstachtung bewahren und die Beherrschung durch den MP, so gut es geht, begrenzen kann. Im Laufe meiner Pilgerfahrten gewann jedoch zunehmend auch das religiöse Motiv, die Suche nach mir selbst, meinen Werten und nach Gott an Bedeutung. Prägenden Einfluss hatten hierbei vor allem die zahlreichen Gespräche mit anderen Pilgern sowie mit meinen Gastgebern in den verschiedenen „Accueils jacquaires"[2].

In besonders guter Erinnerung geblieben ist mir in diesem Zusammenhang die Begegnung mit einer Frau namens

---

[1] Als ich 2016 anfing, an diesem Buch zu arbeiten, wusste ich, dass der Zeitpunkt bereits hinter mir lag.

[2] Hierbei handelt es sich um private Unterkünfte, die entlang des französischsprachigen Teils des Jakobsweges von ehemaligen Pilgern gegen einen kleinen Unkostenbeitrag angeboten werden.

Line, bei der ich 2012 während meiner Wanderung auf der „Via Gebennensis"[3] von Genf nach Le Puy-en-Velay übernachtete. Sie erklärte mir, dass Gott nicht irgendwo „da oben" sei, sondern hier in uns. Ich verstand dieses Bekenntnis als eine Verpflichtung gegenüber meinen Mitmenschen, aber auch als Geschenk und Zeichen dafür, wie nah mir Gott sein kann, wenn ich mich nur auf ihn einlasse.

Schon am nächsten Tag stellte mir Line den Wert dieser Geisteshaltung unter Beweis: Ich hatte an einer Weggabelung versehentlich die falsche Richtung eingeschlagen und war trotz eines unguten Gefühls munter weitergelaufen. Als ich am späten Nachmittag schließlich meinen vermeintlichen Bestimmungsort erreichte, musste ich feststellen, dass ich mich stattdessen fast 10 km weiter südlich befand. Mein eigentliches Tagesziel war von dort noch über 20 km oder 5 Stunden Fußmarsch bei miserabelstem Wetter entfernt. Bis zu meiner Ankunft wäre mein reserviertes Nachtquartier mit Sicherheit schon an jemand anderen vergeben gewesen. In meiner Verzweiflung rief ich Line an und bat sie um Hilfe. Obwohl sie gerade mit einer Freundin beim Kaffee saß, brach sie sofort auf, um mich aus meiner misslichen Lage zu befreien und an mein Ziel zu bringen. Unser beider Erleichterung, als wir uns sahen, ihr Leuchten in den Augen und ihre herzliche Umarmung werde ich nie vergessen. Sie war für mich der rettende Engel in der Not.

2014, am Ende der „Via Podiensis" in Saint-Jean-Pied-de-Port, unterhielt ich mich mit meiner damaligen Mitpilgerin Helene über unsere jeweiligen Pilgermotive. Ich erzählte ihr,

---

[3] Die „Via Gebennensis" bildet die Verbindung zwischen der schweizerischen „Via Jacobi" und der „Via Podiensis", einem der vier historischen Jakobswege in Frankreich.

dass ich auf meinen Wanderungen viel allein unterwegs sei, woraufhin sie mir spontan entgegnete: „Du bist nicht allein, Gott ist mit Dir." Dies erinnerte mich an die Worte Jesu bei der Aussendung seiner Jünger:

> *„Und siehe, ich bin bei euch alle Tage*
> *bis an der Welt Ende."*[4]

Dieser Satz spendet mir Trost und hilft mir bis heute, besonders in schweren Stunden. Aus ihm gewinne ich die Hoffnung, dass ich in meiner Auseinandersetzung mit dem MP und bei dem Bemühen, meine Menschenwürde zu erhalten, von Gottes Kraft schöpfen darf. Er beflügelt mich auch, in dieser Kraft mein Heil zu suchen – ganz im Sinne eines anderen bekannten Bibelzitats:

> *„Der Glaube kann Berge versetzen"*[5]

Gemeint sind hier die Berge, die unserem Leben im Wege stehen, wie etwa persönliche Schwierigkeiten, Nöte, Ängste oder Verzagtheit. Und mit dem Glauben ist nicht der psychologische Glaube, unser Selbstvertrauen, gemeint, sondern der christliche Glaube, den Gott uns schenkt.[6] Dieser Glaube ist das Urvertrauen, dass ich in den Händen des himmlischen Vaters geborgen bin. Durch mein Pilgern wollte ich einen Zugang zu diesem Urvertrauen finden.

---

[4] Matthäus 28,20 (Lutherbibel, 2017)

[5] Analog Matthäus 17,20

[6] Siehe Predigt über Matthäus 21,18-22 zum Sonntag Rogate auf www.predigtkasten.de

Mit Achtsamkeit zum Glauben

Bei einem Sprechstundentermin im März 2015 erzählte ich meiner Neurologin von meinem Vorhaben, die letzte noch ausstehende Etappe des Jakobswegs bis nach Santiago de Compostela in Angriff nehmen und dabei intensiv über Wege zu einem positiveren Umgang mit meiner Parkinson-Erkrankung nachdenken zu wollen. Sie empfahl mir daraufhin, an einem Achtsamkeitstraining teilzunehmen, da mir dies bei der Bewältigung der sowohl mit der Krankheit als auch der geplanten Reise einhergehenden mentalen Belastungen helfen könne. Dort lernte ich, die eigene Stressreaktion von den als „Stressoren" bezeichneten Stresserregern zu entkoppeln, um auf diese Weise mein automatisiertes Reaktionsverhalten zu stoppen und stattdessen bewusst zu entscheiden und zu handeln. Dies hilft mir bis heute insbesondere beim Umgang mit selbst bereitetem Stress, der immer dann entsteht, wenn ich mir beispielsweise Dinge zu Herzen nehme, die ich doch nicht ändern kann. Dieser Stress ist mein ärgster Feind, da er mich in einen inneren Konflikt stürzt, der mich aufreibt und den ich nur verlieren kann.

Durch Achtsamkeit bin ich jedoch in der Lage, eine positive Grundeinstellung zu entwickeln, die auch auf meine Umgebung ausstrahlt. Sie ermöglicht mir, mich selbstbestimmt mit meinen seelischen Belastungen und den „Sachzwängen" meiner Umwelt auseinanderzusetzen. Dadurch finde ich zu mir selbst – und zu Gott.

Wesentliches Element dieses Ansatzes ist die wertschätzende Selbstbeobachtung durch Meditation. Dabei stelle ich mir etwa die Frage, was gerade in mir vorgeht, was ich tue oder wie ich mich fühle. Das verhilft mir zu mehr Gelassenheit und innerer Unabhängigkeit.

Für meinen Pilgerweg erlernte ich zudem eine spezielle Gehmeditation, bei der man sich neben der Atmung auf den Bewegungsapparat, vornehmlich auf Füße und Beine, konzentriert. Ziel ist es dabei, den ganzen geistigen und körperlichen Steuerungsmechanismus zu beobachten und zu trainieren: von der Wahrnehmung des Weges durch die Augen über die Signalverarbeitung im Gehirn bis hin zur Umsetzung durch die Beine. Dies kann zum Beispiel in Form des sogenannten „Storchenschritts" geschehen, bei dem man mit weit ausholenden Bewegungen Verkrampfungen der Muskulatur lockert.

Im Verlauf meiner Reise erwies sich der Jakobsweg aufgrund seiner ständig wechselnden Bodenbeschaffenheit – und nicht zuletzt seiner Spiritualität – als besonders geeignet, das Zusammenspiel von Körper und Geist zu trainieren und nachhaltig zu verbessern.

Meine Botschaft und Einladung

Mit diesem Buch möchte ich die Lehren, die ich auf meinen Wanderungen auf dem Jakobsweg gezogen habe und die mich stützten, ihn auch zu Ende zu gehen, weitergeben und damit anderen Menschen, die sich in einer ähnlichen Situation befinden, Mut machen, sich nicht unterkriegen und sich ihre Werthaftigkeit nicht nehmen zu lassen. Bestärkt fühle ich mich dabei durch die Worte eines Gastpaters im Kloster Beuron bei Tuttlingen. Dieser erinnerte mich bei einem Gespräch im Februar 2016 daran, dass vor Gott – ebenso wie vor dem Tod – alle Menschen gleich sind, auch wenn unsere Gesellschaft leider viel zu oft das Gegenteil propagiert und praktiziert, indem sie die vermeintlich Schwachen und Kranken an den Rand drängt und ihnen obendrein noch suggeriert, an ihrer Situation selbst schuld zu sein.

Natürlich ist es leichter gesagt als getan, gerade in schweren Situationen, wie ich sie auf meiner Reise mehrfach erlebt habe, den Mut nicht zu verlieren. Auch lassen sich meine Eindrücke und Schlussfolgerungen nicht ohne Weiteres auf andere übertragen. Jeder Mensch hat schließlich seine persönlichen Motive, sammelt seine individuellen Erfahrungen und zieht seine eigenen Schlüsse daraus. Für mich hat sich jedoch im Zuge meiner Pilgerschaft ein Weg aufgetan, wie ich mich gegen die Macht meiner Erkrankung behaupten und meine Persönlichkeit und Eigenständigkeit bewahren kann: Ich suche mein Heil im Glauben an Gott. Dieser Glaube ist für mich die entscheidende Stütze. Er kann Berge versetzen. Insofern war für mich auch jeder Schritt, jeder Abschnitt, den ich trotz aller Strapazen gemeistert habe, ein Erfolgserlebnis, das mich ermuntert hat, nicht aufzugeben und meinen (Glaubens-)Weg fortzusetzen.

Ich lade Sie ein, mich gedanklich bei meiner Wanderung auf dem spanischen Jakobsweg, dem „Camino Francés"[7], zu begleiten. Erleben Sie mit mir dessen Höhen und Tiefen und bekommen sie ein Gefühl dafür, wie es ist, jeden Tag bei sengender Sonne ebenso wie bei Kälte, Wind und Regen in unterschiedlichstem Gelände und einer sich permanent wandelnden Landschaft unterwegs zu sein. Gemeinsam werden wir dabei auch auf die zahlreichen religiösen Symbole dieses historischen Pilgerweges stoßen, die mich immer wieder aufs Neue zur inneren Einkehr und zum Gebet animierten. Außerdem werden wir interessanten Menschen aus aller Herren Länder begegnen, deren Erzählungen mir viele neue Impulse

---

[7] Spanisch: „Französischer Weg"

für meine Gedankenwelt und meinen Glauben lieferten. Sie stellten hierbei oftmals meine bisherigen Überlegungen auf den Prüfstand und erweiterten damit meinen mentalen Horizont – auch im Umgang mit dem Morbus Parkinson.

Vorgeschichte

Am liebsten wäre ich die rund 2.300 km von Meersburg bis nach Santiago de Compostela an einem Stück gewandert. Denn schließlich ist es nur mit genügendem räumlichem und zeitlichem Abstand von der Routine und den Zwängen des Alltags möglich, aus dem eigenen Hamsterrad herauszutreten, loszulassen, sich dem Weg zu öffnen und sich auf sich selbst zu besinnen. Sind die Etappen hingegen zu kurz, zum Beispiel nur eine Woche, gelingt das Loslassen nur schwer, weil man gedanklich schon wieder bei den kommenden Aufgaben und Verpflichtungen ist. Da ich jedoch nicht sicher war, ob meine physischen und mentalen Kräfte ausreichen würden, allein über mehrere Monate bei allen erdenklichen Wetter- und Wegeverhältnissen eine tägliche Distanz von etwa 25 km zu bewältigen, wählte ich als Kompromiss ein schrittweises Vorgehen: Das Endziel stets im Blick wollte ich zunächst klein anfangen und dann mit jeder weiteren Etappe mein Laufpensum erhöhen. Daraus entwickelten sich letztlich folgende Teilstrecken:

Jahr	Strecke	Km	Tage
März 2010	Ravensburg – Meersburg	45	1
Mai 2010	Meersburg – Schwyz	120	4
Juni 2011	Brunnen – Lausanne	250	9
Juni 2012	Genf – Le Puy-en-Velay	360	17
Juni 2013	Le Puy-en-Velay – Saint-Chély-d'Aubrac	140	9
April / Mai 2014	Espalion – Saint-Jean-Pied-de-Port	600	30
April / Mai 2015	Saint-Jean-Pied-de-Port – Santiago de Compostela	800	39

Bei einem „Testlauf" im März 2010 erkundete ich zunächst meine Belastungsgrenze, um Anhaltspunkte für meine weitere Routeneinteilung zu erhalten. Allerdings war die von mir gewählte Strecke eher leicht, das Wetter angenehm und das Marschgepäck überschaubar. Die körperlichen Belastungen des Pilgerns, das tage- und wochenlange Laufen mit vollem Rucksack bei jedem Wetter und auf unterschiedlichstem Terrain, ließen sich dadurch nicht simulieren. Zudem wusste ich, dass es sich rächen könnte, sofort mit Gewaltmärschen zu beginnen. Besser wäre es, das tägliche Laufpensum allmählich zu steigern, gewissermaßen ein „Ausdauertraining" zu absolvieren.

Das bestätigte sich bald darauf bei meiner ersten Pilgerreise nach Schwyz. Zwar war die Strecke am ersten Tag noch relativ eben, mit über 30 km jedoch, trotz bedeckten Himmels und Temperaturen von nur etwa 12 °C, eindeutig zu lang. Überdies schnitt mir mein für diese Zwecke völlig ungeeigneter Laptop-Rucksack permanent in die Schultern. Am Abend war ich daher völlig fertig und dem Aufgeben nahe. Außerdem wusste ich nicht, wo ich nächtigen sollte, bis mir die

Wirtin eines Gasthofes in Affeltrangen weiterhalf. Sie wies mir den Weg zu einer Pilgerherberge im benachbarten Tobel und reservierte dort auch gleich einen Schlafplatz für mich.

Zwischen Wil im Kanton St. Gallen und Schwyz am Vierwaldstättersee standen mir an den darauffolgenden Tagen gleich mehrere steile An- und Abstiege bevor. Auf engem Pfad ging es vom Kloster Fischingen zunächst hinauf zum 1.133 m hohen Hörnli und anschließend wieder hinunter bis nach Rapperswil am Zürichsee. Auf der anderen Seeseite führte mein Weg dann weiter über den Etzelpass nach Einsiedeln und von dort hoch auf die Haggenegg, einen 1.414 m hohen Pass unterhalb des Mythen-Massivs, wo ich für die zuvor erlittenen Strapazen mit einem fantastischen Ausblick auf den Vierwaldstättersee belohnt wurde.

Eine wesentliche Erkenntnis dieser viertägigen „Gewalttour" war, dass ich bei künftigen Wanderungen meine Tagesleistung besser auf maximal 25 km begrenzen und zudem genügend Reserven für kleinere Abstecher oder Verlaufen einplanen sollte.

Auch der Abschnitt von Brunnen am Vierwaldstättersee nach Lausanne im Jahr 2011, ließ mich meine Leistungsgrenze spüren. Im französischen Teil der Schweiz überkamen mich aufgrund der Überlastung so starke Rückenschmerzen, dass ich mich nur noch mit Mühe fortbewegen konnte. Ferner sprachen mich Mitpilger in der Herberge von Heitenried, kurz vor Fribourg, schon damals besorgt auf meinen steifen Gang an, was ich allerdings mit der Bemerkung abtat, ich müsse mich erst noch warmlaufen.

Im Herbst desselben Jahres erhielt ich die Diagnose Morbus Parkinson. Das war ein ziemlicher Schock. Meine ganze weitere Lebensplanung war von einem Tag auf den anderen nichts mehr wert und verlangte nach einer Neuorientierung.

Eines stand jedoch gleich fest: Meine Pilgerreise wollte ich auf jeden Fall fortsetzen.

Im Juni 2012 ging es daher weiter auf die „Via Gebennensis" von Genf nach Le Puy-en-Velay. Auch hier war ich am zweiten Tag kurz davor, aufzugeben: Auf dem Weg nach Frangy entwickelte ich einen so starken – wie ich später erfuhr, MP-bedingten – „Rechtsdrall", dass ich kaum noch laufen konnte. Zusätzlich zog mich mein Rucksack erbarmungslos nach unten. Auf dem Campingplatz „Le Célestin" in Musièges, wo ich in einem Wohnwagen für Pilger übernachtete, traf ich auf einen jungen französischen Osteopath, der ebenfalls auf dem Jakobsweg unterwegs war und der mir anbot, meinen Rücken zu massieren. Nur dank seiner Hilfe fühlte ich mich am nächsten Morgen wieder fit genug, um weiterzugehen.

In Montfaucon-en-Velay unterlief mir dann erneut ein Malheur, das von meiner Erkrankung und dem damit verbundenen Nachlassen meiner Reaktionsfähigkeit herrührte: Beim Blick auf mein Navigationsgerät übersah ich einen Kantstein, stolperte prompt und fiel der Länge nach hin. Als ich mich wieder aufraffen wollte, bemerkte ich, dass mein linker Arm aufgeschlagen war und blutete. Auch meine Nase hatte etwas abbekommen, wohingegen mein GPS-Empfänger glücklicherweise unbeschädigt geblieben war. Ich säuberte und verpflasterte notdürftig meine Wunden und setzte meinen Weg fort – fest entschlossen, künftig mehr darauf zu achten, was vor mir liegt und wohin ich trete. Später, in Saint-Jeures, wo ich übernachtete, bemerkte eine Frau meine Verletzungen und fragte ganz besorgt: „Êtes-vous tombés?"[8] Ich

---

[8] Französisch: „Sind Sie gefallen?"

beruhigte sie, dass es nicht so schlimm sei. Ihre Besorgnis tat mir dennoch unheimlich gut.

Zwei harte Tagesmärsche später erreichte ich schließlich glücklich mein Ziel Le Puy-en-Velay. Dort saß ich stundenlang in der hoch über der Stadt auf einer Vulkannadel thronenden Kirche „Saint-Michel d'Aiguilhe" und genoss die Ruhe und die sakrale Stimmung. Es waren wunderbare Stunden der Entspannung, Besinnung und inneren Einkehr, für die ich Gott von Herzen dankte.

2013 nahm ich dann als nächstes die 740 km lange „Via Podiensis" von Le Puy-en-Velay nach Saint-Jean-Pied-de-Port in Angriff. Leider musste ich den Versuch jedoch bereits nach 140 km aus privaten Gründen in Saint-Chély-d'Aubrac abbrechen. Die Weite und Einsamkeit der Aubrac-Region im südwestlichen Zentralmassiv hatten mich da schon in ihren Bann gezogen. In besonderer Erinnerung blieb mir vor allem der dichte Nebel, der dort an einem Tag plötzlich aufkam und mir fast die komplette Sicht raubte. Wäre der Weg nicht so gut ausgeschildert gewesen, hätte ich mich vermutlich hoffnungslos verirrt. Kühe, die wie aus dem Nichts im Dunst vor mir auftauchten, sorgten zudem mehrfach für unheimliche und nicht ganz ungefährliche Begegnungen.

Im Frühjahr 2014 setzte ich meine Wanderung auf der „Via Podiensis" fort. Dabei lernte ich die französische Lebensart noch einmal ganz neu und intensiv kennen. Dies lag nicht zuletzt daran, dass meine Mitpilger fast ausnahmslos Franzosen waren. Und auch wenn wir wegen meiner geringen Französischkenntnisse nur wenig miteinander sprachen, war ich dennoch voll integriert. Das zeigte sich zum Beispiel, als ich bei einem heftigen Unwetter einen schon überfüllten Gasthof betrat und die anderen Pilger sogleich an ihrem Tisch zusammenrückten, um mir einen Platz anbieten zu können.

Obendrein ließ man mich dann noch von einem besonders aromatischen Ziegenkäse kosten, der so gut schmeckte, dass sich der Spender selbst nur schwer davon trennen konnte. Gern erinnere ich mich auch an die gastliche Aufnahme in den verschiedenen „Gîtes d'Etapes", den landestypischen, einfachen Wanderherbergen entlang des Weges, wo ich einige interessante Menschen kennenlernen durfte.

Camino Francés

Den Winter 2014/2015 nutzte ich zur Vorbereitung des finalen Abschnitts meiner Pilgerfahrt, des „Camino Francés" von Saint-Jean-Pied-de-Port nach Santiago de Compostela. Wie schon bei meiner vorherigen Tour wählte ich erneut das letzte April-Drittel und den Mai als Reisezeitraum, da ich hoffte, so zum einen keine Schnee-Überraschungen in den Pyrenäen mehr zu erleben und zum anderen von der Hitze des spanischen Sommers verschont zu bleiben. Aufgrund der Erfahrungen aus den Vorjahren legte ich als nächstes Tagesetappen von circa 20 bis 25 km Länge fest und suchte mir anschließend dazu passende Quartiere. Da Zelten für mich nicht in Frage kam, weil mir das zu unbequem erschien und es zudem zusätzliche Ausrüstung – und damit Gewicht – bedeutet hätte, ich aber andererseits auch kein „Luxuspilger" sein mochte, von denen mir auf meinen Reisen so einige begegnet waren, entschied ich mich für die typischen, eher einfach ausgestatteten Pilgerherbergen. Das Internet, Rothers Wanderführer „Spanischer Jakobsweg" und das französische

Unterkunftsverzeichnis „Miam Miam Dodo"[9] halfen mir bei der Auswahl. Letzteres hatte mir schon auf der „Via Podiensis" gute Dienste geleistet, enthielt es doch neben den wichtigsten Angaben zu den meisten dieser Unterkünfte wie etwa Adressen, Telefonnummern oder Öffnungszeiten, auch detaillierte Wegeskizzen, die es mir ermöglichten, die Lage und Entfernung der einzelnen Herbergen zu ermitteln und meine täglichen Marschrouten danach auszurichten.

Die zur Verfügung stehenden Unterbringungsmodalitäten reichten vom vergleichsweise komfortablen 2-Bett-Zimmer mit eigener Nasszelle bis hin zum Massenquartier mit über 100 Schlafplätzen und Gemeinschaftsduschen. Für mich war das vollkommen ausreichend, bedeutet Pilgern doch auch, ein einfaches Leben zu führen, sich auf das Wesentliche zu besinnen und überflüssigen Ballast abzustreifen.

Am Ende fiel meine Entscheidung meist zu Gunsten privater Herbergen, da diese in der Regel kleiner, familiärer und besser ausgestattet waren als die kommunalen Unterkünfte, die sogenannten „Albergues municipales", die für gewöhnlich auch keine Verpflegung oder nur Küchen für Selbstversorger anboten. Darüber hinaus erlaubten die Privatunterkünfte eine Vorreservierung, was meiner krankheitsbedingten Langsamkeit und den daher zu erwartenden Verspätungen bei der Ankunft entgegenkam.

Da der Jakobsweg in Spanien recht gut ausgeschildert ist, benötigte ich keine Wanderkarten. Allerdings lud ich mir zur Sicherheit die geplanten Routen auf mein altbewährtes

---

[9] Der Titel steht für „**Mi**nister **am**at **Do**minum" (lateinisch: „Der Diener liebt seinen Herrn"). Die Doppelung der Silben kam angeblich dadurch zustande, dass der Küster, dem der Spruch nachgesagt wird, fürchterlich gestottert haben soll.

Navigationsgerät. Des Weiteren organisierte ich meine An- und Abreise und lernte auch ein wenig Spanisch.

Um meine Erlebnisse, Gedanken und Begegnungen unterwegs dokumentieren zu können, besorgte ich mir vor meinem Aufbruch noch ein gebundenes Notizbuch, das mir im Laufe der Wanderungen zu einem immer wichtigeren Begleiter werden sollte, da es mir nicht nur half, die vielen Eindrücke des Weges festzuhalten, sondern vor allem auch meine Auseinandersetzung mit ihm und mir selbst zu verarbeiten.

Am Ende einer jeden Etappe notierte ich darin in einer kleinen Tabelle neben Zielort und Herberge die zurückgelegten Kilometer, das durchschnittliche Lauftempo und die Zeit, die ich insgesamt auf den Beinen war. Die Daten halfen mir, die Reststrecke zu planen wie auch die Reise nachzuvollziehen. Zusammen mit den Wegbeschreibungen vermitteln sie ein Bild von den Herausforderungen, die sich mir auf meiner rund 800 km langen Wanderung auf dem „Camino Francés" stellten.

Phase 1 – „Aufbruch" (Tag 1 - 5)

Nun ist es endlich soweit. Meine Reise auf dem spanischen Jakobsweg beginnt. Der etwa 100 km lange Startabschnitt wird mich von Saint-Jean-Pied-de-Port über Pamplona bis nach Puente la Reina im Zentrum der Autonomen Region Navarra führen. Die Überquerung der Pyrenäen wird dabei die erste große Herausforderung für meinen Körper darstellen.

In dieser Phase des Weges werde ich vor allem damit beschäftigt sein, den Alltag loszulassen, mich auf das Dasein als „Jakobspilger" sowie die damit verbundenen Unwägbarkeiten einzustellen und innere Sicherheit zu gewinnen. Dazu gehört, dass ich mich an ein Leben in Einfachheit ebenso erst wieder gewöhnen muss wie an das Laufen mit schwerem Gepäck bei allen Witterungsbedingungen. Aber auch daran, morgens nicht zu wissen, wo ich abends nächtigen werde. Auch werde ich meine Privatsphäre ein Stück weit aufgeben müssen, um in die Gemeinschaft der Pilger einzutauchen und mich ganz auf das „Hier und Jetzt" einzulassen.

Schon bald werde ich mich außerdem fragen, wie mir der MP im weiteren Verlauf meiner Reise noch zusetzen wird und ob ich bis zum Ende durchhalten kann. Immerhin ist der Weg für jemanden in meinem Alter – ich bin zu diesem Zeitpunkt bereits 67 Jahre alt – an sich schon eine Herausforderung. Ich bin dennoch guten Mutes, dass ich mein Ziel erreichen werde. Ich habe schließlich schon Pilger getroffen, die deutlich älter waren als ich und die Strecke ebenfalls gemeistert haben, darunter einen 82-jährigen Australier und dessen 20 Jahre jüngere Frau sowie ein hochbetagtes Ehepaar aus der Schweiz, das den ganzen Weg von seiner Heimat bis nach Santiago sogar wieder zurückgelaufen ist.

Unterwegs werden mir Pilger aus aller Welt begegnen – der Jakobsweg hat nun mal global eine magische Anziehungskraft. In den Gesprächen mit ihnen, wird sich auch immer wieder die Frage nach dem „Warum" stellen: Warum nehmt Ihr die weite Anreise auf Euch? Warum pilgert Ihr überhaupt? Warum ausgerechnet hier, auf dem Jakobsweg? Dabei wird sich zeigen, dass jeder seine eigenen, ganz persönlichen Motive für die Pilgerschaft hat.

Tag 1

Datum	22.04.2015	Wegstrecke	8 km
Zielort	Orisson	Ø-Tempo	3,4 km/h
Herberge	Refuge Orisson	Gesamtzeit	2 ¾ h

Am 22. April erreiche ich gegen Mittag meinen Ausgangspunkt Saint-Jean-Pied-de-Port, wo ich mich geradewegs zum
örtlichen Pilgerbüro begebe. Zu meiner Überraschung
herrscht dort bereits großer Andrang. Die Hauptsaison auf
dem „Camino" beginnt eigentlich erst im Mai. Eine freundliche
Dame, die wie alle ihre Kollegen hier ihren Dienst freiwillig
und unentgeltlich in ihrer Freizeit versieht, drückt mir den
Startstempel in mein „Credencial del Peregrino", meinen Pilgerausweis. Mit ihm weise ich nach, dass ich auch wirklich
die erforderliche Strecke zurückgelegt habe, um am Ende in
Santiago die ersehnte Pilgerurkunde „La Compostela" zu erhalten. Zugleich dient mir das Dokument als Herbergsaus-
weis, der mich zum Übernachten in den Pilgerherbergen entlang des Weges berechtigt.

Da ich mir St.-Jean schon 2014 am Ende meiner letzten
Wanderung ausführlich angesehen habe, mache ich mich danach direkt auf den Weg zu meinem heutigen Ziel, der „Refuge Orisson". Die Herberge liegt rund 8 km südlich der Stadt
auf etwa 900 m Höhe. Im Gegensatz zu anderen Pilgern, die
gleich am ersten Tag die 26 km und 1.600 Höhenmeter – davon allein 1.200 m bergauf – bis zur nächsten großen Unterkunft, dem Kloster Roncesvalles, hinter sich bringen, will ich
es nach meinen Erfahrungen aus den Vorjahren ruhiger angehen lassen und mich erst einmal einlaufen.

Voller Vorfreude, aber auch Respekt, beginne ich den
steilen Aufstieg auf der „Route Napoléon" in Richtung des

1.429 m hohen Col de Lepoeder. Die Strecke gilt als landschaftlich reizvoller als die entlang der parallel verlaufenden, etwas niedriger gelegenen Straße nach Valcarlos. Mit der Steigung komme ich ganz gut zurecht. Leider ist es bewölkt, so dass ich die Schönheit des Weges und die Weite der Bergwelt nur begrenzt genießen kann. Wie gern hätte ich die Geier, die in dieser Region heimisch sind, am blauen Himmel ihre Kreise ziehen sehen.

Mit meiner gedanklichen Auseinandersetzung mit dem Morbus Parkinson lasse ich mir noch Zeit. Erst will ich auf dem Weg „ankommen", meinen Körper an ihn gewöhnen und mich mental auf die bevorstehenden physischen Herausforderungen einstimmen. Dabei versuche ich, meinen Alltag hinter mir zu lassen und mich wieder auf das Pilgerleben einzustellen.

Zum Glück habe ich die Übernachtung samt Verpflegung in der „Refuge Orisson" vorab im Internet reserviert, denn die Herberge mit ihren etwa 30 Betten ist restlos ausgebucht. Pilger aller Altersstufen und Nationalitäten, fast die Hälfte davon Frauen, haben sich eingefunden. Ich genieße anregende Gespräche bei einem guten Abendessen und Rotwein. Die Sprachen wirbeln durcheinander. Neben mir sitzt eine Amerikanerin, uns gegenüber zwei ältere holländische Lehrerinnen. Wir unterhalten uns ausgiebig über die Gründe, weshalb wir die Strapazen des Weges auf uns nehmen. Neugier auf den weltweit bekannten Pilgerweg spielt eine Rolle, aber auch die sportliche Herausforderung und der kulturhistorische Aspekt. Wie bei mir sind es vielfach persönliche Motive, wie die Suche nach sich selbst und nach Gott.

Nach dem Essen stellt sich jeder noch einmal für alle mit Namen, Herkunft und seiner Motivation für den Weg vor. Ich nenne meine Suche nach Gottes Hilfe beim Umgang mit dem

MP als Grund. Zu meiner Verwunderung gibt es keinerlei Nachfragen oder Bemerkungen, aber vielleicht sagt den anderen die Krankheit und deren Tragweite auch nichts oder sie sind schlichtweg überwältig von der Menge an Informationen.

Tag 2

Datum	23.04.2015	Wegstrecke	18 km
Zielort	Roncesvalles	Ø-Tempo	3,6 km/h
Herberge	Roncesvalles	Gesamtzeit	6 ¾ h

Als ich am frühen Morgen verschlafen in den Waschraum gehe, stolpere ich fast über eine Japanerin, die im Dunkeln ihre Morgengymnastik macht. Nach einem kurzen Frühstück laufe ich los. Kurz vor der spanischen Grenze passiere ich den „Rolandsbrunnen", der seinen Namen dem Grafen Roland, Führer der Nachhut des Heeres Karls des Großen und Protagonist des nach ihm benannten „Rolandsliedes", verdankt. Der Überlieferung zufolge gerieten er und seine Truppen hier oben im Jahre 778 in einen Hinterhalt ortsansässiger Basken und wurden von diesen vernichtend geschlagen.

Gern gehe ich für mich allein. So kann ich das Tempo selbst bestimmen, brauche auf niemanden Rücksicht nehmen – und niemand auf mich. Die selbstgewählte Einsamkeit nutze ich zum Meditieren oder um meinen Gedanken einfach freien Lauf zu lassen. Wenn mir dabei etwas Wertvolles in den Sinn kommt, merke ich es mir und notiere es bei nächster Gelegenheit in meinem Tagebuch. Das gilt auch für den MP: Tagsüber beobachte ich mein Verhalten, abends wird notiert.

Die gleichförmige Bewegung der Beine und des Körpers wirkt beruhigend. Es stellt sich eine innere Ausgeglichenheit ein, die mir guttut und mich fröhlich stimmt.

Ich denke über die vor mir liegende Pilgerreise nach. Was wird sie mir bringen? Welche Impulse werde ich bekommen? Wie wird der Weg mich und meine Einstellung zum Glauben verändern? Auch mache ich mir Gedanken zu den körperlichen Auswirkungen der Wanderschaft. Werde ich durchhalten? Wie wird sich der MP bemerkbar machen? Und was ist, wenn mir unterwegs etwas zustößt, ich gar sterbe? Für den Fall der Fälle führe ich ein Kurztestament, meinen „letzten Willen", bei mir, worin ich unter anderem vermerkt habe, dass ich dann gern am Wegesrand begraben werden würde. Es heißt, wenn ein Pilger auf dem „Camino" stirbt, kommt er direkt in den Himmel.

Das heutige Teilstück ist vergleichsweise angenehm zu gehen, da die Anstiege nicht mehr so steil sind wie noch am Vortag. Die Route verläuft zum Teil auf Asphaltsträßchen, zum Teil auf relativ trockenen Feldwegen, zunächst über Wiesen, später auch durch Wälder. Dicke Wolken legen einen Mantel aus Nebelnässe um mich. Es ist frisch. Mein Wanderschirm, der Anorak und die Regenhose bieten jedoch einen guten Schutz und vermitteln mir ein Gefühl der Geborgenheit.

Unterwegs sehe ich kaum andere Menschen. Nur Verena, eine deutsche Pilgerin, die ebenfalls in Orisson übernachtet hat, taucht immer wieder mit ihrem leuchtend roten Regenumhang zwischen den Bäumen auf.

Mit der Zeit bilden sich kleine Lücken zwischen den Wolken und geben wunderbare Ausblicke auf die umliegenden Berge frei. Einzelne Sonnenstrahlen zeichnen Muster auf Wiesen und Bäume. Einige wilde Pferde kreuzen meinen Pfad. Was für ein toller Anblick. Leider schließt sich die Wolkendecke bald darauf wieder, so dass ich nicht mehr viel von der Landschaft mitbekomme. Die Schneereste links und rechts am Wegesrand sind ein deutliches Zeichen, dass dieser Abschnitt vor kurzem noch unpassierbar war.

Noch 765 km bis zum Ziel

Ein Pilger kommt mir entgegen. Er ist auf dem Heimweg von Santiago und will die Beschaffenheit der hinter mir liegenden Passage wissen. Kurz tauschen wir uns aus. Anscheinend stehen keinem von uns nennenswerte Probleme bevor.

Bald hinter dem Col de Lepoeder reißt die Wolkendecke erneut auf und ermöglicht die Sicht auf das Kloster Roncesvalles, das stolz und ehrfurchtgebietend 400 m weiter unten im Tal liegt. Der Ausblick überwältigt mich. Wie mögen sich erst die Pilger vor tausend Jahren an dieser Stelle gefühlt und sich gefreut haben, den Gefahren der Berge entronnen zu sein. Auch in mir kommt Erleichterung und Freude darüber auf, bald wohlbehalten mein Übernachtungsquartier erreicht zu haben. Ich nehme den direkten Weg durch den Wald. Er ist steil, aber trocken und gut begehbar.

An dicken, hohen Mauern entlang umrunde ich fast das ganze Kloster, bis ich endlich den Eingang finde. Das Ensemble aus romanisch-gotischen Gebäuden beeindruckt mich durch seine Größe, Schönheit und majestätische Ausstrahlung, die Schutz und Sicherheit verheißt. Der Schirmherr des Klosters, König Sancho VII., hat hier wahrlich eine erhabene Grablege gefunden.

Auf dem Weg zur Rezeption passiere ich eine Schar Nonnen in schwarzweißer Tracht, die ungeduldig vor der Stiftskirche „Santa María" auf Einlass zum Gebet wartet. Auch ich will dort später noch Gott danken, dass ich diese Etappe unbeschadet gemeistert habe.

Das Einchecken ist straff organisiert. Ich meine, den klösterlich-disziplinierten Geist vergangener Tage zu spüren. Alle Pilger stellen sich in Reih und Glied auf, werden registriert, empfangen ihre Bettnummer und erhalten schließlich ihren Pilgerausweis wieder abgestempelt zurück. Erst nachdem ich meine Stiefel im Schuhraum abgestellt habe, darf ich auf Socken zu meinem Bett im Obergeschoss des Klosters.

Roncesvalles galt früher als „Pilgerfalle": ein Massenquartier mit über 150 Doppelstockbetten in einem Saal, ungenügenden sanitären Anlagen und keinerlei Verpflegung. Vor ein paar Jahren wurde die Herberge jedoch renoviert. Seither gibt es 4-Bett-Abteile und neue, ansprechende, wenn auch noch immer etwas knapp bemessene Sanitäreinrichtungen. Anstehen muss man also weiterhin – und die Pilger vor mir duschen in aller Ruhe. Irgendwann komme auch ich an die Reihe und spüle den Staub der Straße unter den warmen Wasserstrahlen ab. Danach setze ich mich in den Innenhof des Klosters, genieße die Abendsonne, die das Areal in ein weiches Licht taucht, und lasse den Tag Revue passieren. Es ist alles gut gelaufen und ich bin zufrieden mit meiner Leistung.

**Die „Santiago"-Kapelle
in Roncesvalles**

Um 18 Uhr ruft die Glocke zum Pilgergottesdienst, der von mehreren Geistlichen geleitet wird. Leider sprechen sie nur Spanisch. Da ich kein Wort verstehe, bestaune ich in Ruhe den goldverzierten Chorbereich. Hervor sticht der Hauptaltar mit seiner reich geschmückten Marienfigur. Die Priester weisen ausdrücklich darauf hin, dass – wie übrigens überall auf dem „Camino" – nur Katholiken zum Abendmahl zugelassen sind. Ökumene ist hier offensichtlich noch ein Fremdwort.

Meine holländischen Mitpilgerinnen aus Orisson verlassen aus Protest den Gottesdienst. Aus Solidarität – ich bin ebenfalls evangelisch – schließe ich mich ihnen an. Ich bedaure, nicht an der zeitgleich angebotenen Klosterführung teilgenommen zu haben. Sie wäre sicher interessanter gewesen.

Der MP hat mir heute keine Probleme bereitet. Ich fühle mich, als ob ich vollkommen gesund wäre. Um auch an meiner mentalen Fitness zu arbeiten, habe ich angefangen zu meditieren und meine Sinne auf den achtsamen Umgang mit mir selbst zu lenken. Wie ergeht es meinen Füßen? Fühlen sie sich wohl in den Stiefeln? Was machen die Knie, die Hüfte, der Rücken? Wie gewöhnt sich mein Körper an die zusätzliche Last des Rucksacks?[10] Wie schon bei meinen früheren Wanderungen werde ich wohl noch einige Tage brauchen, bis ich wieder meinen Tritt gefunden habe.

Tag 3

Datum	24.04.2015	Wegstrecke	22 km
Zielort	Zubiri	Ø-Tempo	3,7 km/h
Herberge	Albergue Zaldiko	Gesamtzeit	8 ¼ h

Von Roncesvalles verabschiede ich mich im frühen Morgengrauen mit leerem Magen; ein Frühstück gibt es nicht. Die Sonne scheint bereits vom wolkenlosen Himmel, wärmt mir den Rücken und lässt meinen Körper einen langen Schatten werfen. Auf den Blättern liegt Raureif. Die Natur ist hier oben,

---

[10] Auf dieser Reise wog mein Rucksack samt Inhalt rund 9 kg. Hinzu kamen weitere 2 kg für meinen Brotbeutel mit Proviant.

auf über 900 m Höhe, noch weit zurück. Die meisten Bäume sind kahl, nur einige Schlehen blühen.

Der Weg ist eben und leicht zu begehen. Einige Gefällstrecken sind mit Steinplatten gepflastert. Auf einer steinernen Wegmarkierung steht ein Paar gut erhaltene Wanderstiefel. Ich frage mich, wer sie hier abgelegt hat. Ist der Besitzer eventuell in Sandalen oder gar barfuß weitergegangen? Im Mittelalter wäre das jedenfalls nicht ungewöhnlich gewesen. Aber auch heute noch scheitert so manche Pilgerfahrt am falschen Schuhwerk.

**Da brauchte wohl jemand
seine Stiefel nicht mehr**

In einer Bar in Burguete, die schon gut mit Pilgern gefüllt ist, bekomme ich endlich ein Frühstück, bestehend aus einem großen Milchkaffee, einem Schokocroissant und einem frisch gepressten Orangensaft. Diese Kombination wird in den nächsten Wochen zu meinem morgendlichen Standardmahl. Die Sonne gewinnt zunehmend an Kraft. Um die Mittagszeit brennt sie geradezu vom Himmel. Ich nutze jedes Fleckchen Schatten, das sich mir bietet. Hinter Espinal geht es hinauf zum 922 m hohen Alto de Mezkiritz. Der Weg danach ist mit großen Steinen durchsetzt und weist beträchtliche, strapaziöse Steigungen und Gefällstrecken auf. Dafür ist dieser Abschnitt zumindest bewaldet. Die Bäume schützen mich ein wenig vor den Sonnenstrahlen. Meine Kraftreserven schmelzen dennoch dahin wie Schnee.

Am Erro-Pass auf 800 m Höhe bietet ein fliegender Händler aus seinem Lieferwagen kalte Getränke und Knabbereien an. Er kommt gerade recht, denn meine drei Wasserflaschen sind leer. Während ich mich erfrische, plaudere ich mit einer Pilgerin aus Hamburg über das „richtige" Pilgern. Sie erzählt mir, dass es ihre Kräfte überfordern würde, den ganzen „Camino" auf einmal zu laufen. Daher teile sie sich die Strecke in kleinere Etappen auf, die sie gut bewältigen könne. Diesmal will sie bis Pamplona. Ich muss zugeben, dass ihr Vorgehen in Anbetracht meiner Erkrankung auch für mich besser wäre, um meinen Körper nicht überzustrapazieren. Wir verständigen uns letztlich darauf, dass es kein „richtiges" oder „falsches" Pilgern gibt, sondern dass jeder für sich selbst herausfinden und verantworten muss, was am besten für sie oder ihn ist.

Als ich meinen Weg fortsetze, spüre ich nach einer Weile, wie mich mein Rucksack gnadenlos nach hinten zieht. Ich versuche gegenzuhalten, indem ich mich nach vorn beuge, aber das funktioniert nicht einmal ein paar Minuten. Sobald es etwas abschüssig wird, habe ich Angst zu stürzen. Meine

Schritte werden immer kleiner und gehen in ein Trippeln über. Mein Gehirn fährt Karussell und sucht nach Lösungen. Wenn das nicht bald besser wird, muss ich aufgeben. Meine Gesundheit hat Vorrang! Verzweifelt bete ich mein heutiges Ziel, Zubiri am Río Arga, herbei. In Gedanken mache ich drei Kreuze, als ich den Ort nach sich endlos dahinziehenden Kilometern schließlich erreiche.

Meine Unterkunft für die Nacht liegt an der „Puente de la Rabia", der „Brücke der Tollwut". In deren Mittelpfeiler waren früher angeblich Reliquien verbaut, weshalb die Bauern ihr Vieh dorthin trieben, um es segnen zu lassen und vor der hier einstmals weitverbreiteten Tollwut zu schützen.

Die „Brücke der Tollwut" in Zibiri

Als ich beim Einchecken in der Herberge meinen Rucksack abnehme, merke ich, dass er die ganze Zeit falsch eingestellt war – womöglich die Ursache meiner heutigen Probleme.

In der kleinen Rezeption der abermals voll belegten „Albergue Zaldiko" drängen sich die Pilger. Es geht chaotisch zu, aber die „Hospitalera", die Herbergsmutter, hat alles unter Kontrolle. Ich erhalte meinen Stempel und ein Bett zugewiesen. Der Schlafraum ist eng. Rechts und links an der Wand stehen jeweils drei Doppelstockbetten, dazwischen liegt ein schmaler Gang. Außerdem gibt es für jeden noch einen Spind für das Gepäck. Rücksichtnahme ist gefragt. Privatsphäre sucht man hier vergebens, aber darauf bin ich eingestellt.

Im Aufenthaltsraum der Herberge komme ich mit einem Holländer ins Gespräch. Er schwärmt vom Geschmack der spanischen Tomaten, die er auf Brot zum Abendessen genießt. Mir würde das nicht reichen; ich muss meine Kraftreserven auffüllen und gönne mir daher in einer Bar um die Ecke ein „Pilgermenü". Ein solches Spezialangebot für Jakobspilger findet man fast überall auf dem „Camino". Es besteht in der Regel aus einer Vorspeise – meist eine Suppe oder ein Salat –, einem Hauptgericht mit Fleisch oder Fisch sowie einem süßen Dessert[11]. Dazu wird Wasser, Brot und teilweise auch Wein gereicht. Das Ganze kostet für gewöhnlich etwa 10 €, was deutlich günstiger ist, als wenn man die verschiedenen Gänge einzeln bestellen würde.

Nachts treibt mich mal wieder der „Imperative Harndrang" auf die Toilette. Ich versuche, den Gang hinauszuzögern, aber die drückende Blase kennt kein Erbarmen. Da ich in der oberen Etage des Doppelstockbetts liege, muss ich im Dunkeln eine senkrechte Metallleiter am Bettrand heruntersteigen, deren Sprossen weit auseinanderliegen. Dabei habe ich die Wahl: Entweder ich klettere mit dem Gesicht zur Leiter, wofür ich mich im Bett umdrehen müsste, oder ich wende ihr beim Abstieg den Rücken zu. Beides erfordert akrobatische Fähigkeiten, über die ich leider nicht mehr verfüge. Zwar

---

[11] Häufig handelt es sich dabei um eine „Tarta de Santiago" (spanisch: „Kuchen des Heiligen Jakobus"), ein traditioneller spanischer Mandelkuchen, der mit Puderzucker bestäubt und einem Jakobskreuz verziert ist.

habe ich eine kleine Taschenlampe, erkenne damit aber nicht allzu viel. Mit den Füßen ertaste ich die einzelnen Sprossen, die sich schmerzhaft in meine Ballen drücken. Ich habe Angst abzurutschen. Den Abstand von der untersten Sprosse zum Fußboden zu überwinden, verlangt einen mutigen Satz ins Nichts. Ich komme mir vor wie ein Klippenspringer. Der „Absprung" erzeugt Lärm und lässt das Bett furchterregend schwanken. Unterdessen drängelt unerbittlich meine Blase...

Im Licht der Taschenlampe taste ich mich zur Toilette. Das Deckenlicht lasse ich ausgeschaltet, um die anderen Gäste nicht zu stören. Trotz der Unterbrechung, den Schlafgeräuschen meiner Bettnachbarn und der stickigen Luft schlafe ich schnell wieder ein.

Tag 4

Datum	25.04.2015	Wegstrecke	21 km
Zielort	Pamplona	Ø-Tempo	3,6 km/h
Herberge	Casa Paderborn	Gesamtzeit	8 h

Am nächsten Morgen herrscht in dem kleinen Schlafraum großes Gedränge. Die ersten Pilger stehen schon um 5 Uhr auf. An Schlaf ist nun nicht mehr zu denken. Also begebe auch ich mich in die Nasszelle zur Katzenwäsche. Danach wird der Schlafsack zusammengerollt, der Rucksack gepackt und die Tragriemen eingestellt. Diesmal sitzt alles richtig. Der Rücken hat sich trotz der unruhigen Nacht auf der harten Matratze gut erholt. Auch der MP beeinträchtigt mich an diesem Morgen nicht weiter. Ein Frühstück würde den perfekten Start in den Tag komplettieren, aber da in der Herberge keines serviert wird, werde ich mich wieder irgendwo unterwegs verköstigen müssen.

Auf dem Weg nach Pamplona passiere ich gleich mehrere, ganz unterschiedliche Kirchen und Kapellen: Die mächtige „Iglesia de San Nicolás" in Larrasoaña umgibt ein überdachter Laubengang, der wie ein umgekehrter Kreuzgang wirkt. Die trutzige Kirche „San Pedro" von Iroz bietet ihren Besuchern stattdessen Schutz unter einem Vordach, das von einem dicken Baumstamm gestützt wird. Mit ihren massiven Mauern, den kleinen vergitterten Fenstern und den wuchtigen Glockentürmen wirken beide Gotteshäuser wie Wehrbauten: errichtet für die Ewigkeit in einfacher, robuster Statik; bereit allem zu widerstehen, was auf sie einstürmt. Im Gegensatz dazu duckt sich die kleine „Iglesia de Santa Marina" in Arleta in eine Mulde am Wegesrand, gleich so, als ob sie sich verstecken wollte. Ihr Kirchenschiff ist niedrig, breit und fensterlos. Der Glockenstuhl mit seiner kleinen Glocke ruht in einem gemauerten Bogen. Zu gern hätte ich in dieser oder einer der anderen Kirchen gebetet, eine Kerze für meine Familie angezündet, an die ich immerzu denke, und mich ein wenig in ihren kühlen Gemäuern ausgeruht. Doch leider sind sie, wie die meisten Kirchen auf dem „Camino", außerhalb der Gottesdienstzeiten verschlossen.

Meine Gedanken kreisen derweil um die Frage, wie ich durch achtsamen Umgang mit mir selbst meine Eigenständigkeit gegenüber dem MP bewahren kann. Eine Gehmeditation hilft mir, sie zu sortieren und zu strukturieren. Dafür konzentriere ich mich auf meinen Atem, der im Rhythmus der Beinbewegungen fließt, und lenke den Blick wohlwollend nach innen, ohne dabei jedoch den Weg vor mir aus den Augen zu verlieren. Mit der Zeit breitet sich Gelassenheit aus. Die Gedankenwolken, die vorher noch wild durcheinanderjagten, reihen sich plötzlich wie Perlen an einer Schnur aneinander und formen ein Bild meiner physischen und psychischen Möglichkeiten. Ich erkenne, dass ich meine Vorhaben künftig so gestalten muss, dass ich sie mit der mir zur Verfügung stehenden Kraft in meinem Tempo umsetzen kann. Bezogen auf meine Erkrankung bedeutet dies, dass ich mich darum bemühe, einen inneren Abstand zu ihr zu wahren und sie nicht zu nah an mich herankommen oder mich gar von ihr auffressen zu lassen. Zwar kann ich das Fortschreiten der Krankheit nicht verhindern, aber immerhin meine Einstellung zu ihr auf diese Weise steuern.

Während ich noch darüber nachdenke, wird mir klar, dass ich – zumindest ansatzweise – eigentlich schon seit Langem Achtsamkeit praktiziere, ohne mir bis dahin dessen bewusst gewesen zu sein. Das Ganze nahm seinen Ursprung in Nigeria, wo ich von 1980 bis 1986 als Vertriebsingenieur für ein großes, internationales Unternehmen tätig war. Dort kämpfte ich von Beginn an mit aller Kraft um jeden Auftrag. Auch Rückschläge demotivierten mich nicht, sondern spornten mich viel mehr an, meine Anstrengungen noch zu verstärken. Oder wie es ein Kollege damals auf den Punkt brachte: „Der Vertrieb gibt niemals auf!"

Nach einem Jahr war ich schließlich völlig im Hamsterrad des Erfolgsstrebens gefangen und hatte nur noch meinen Beruf im Blick. Mein Auftragseingang diktierte mein Leben, alles andere musste dahinter zurückzustecken. Der damit verbundene Stress ging mir zunehmend an die Substanz, machte mich unleidlich, manchmal auch unausstehlich. Ein Burnout schien nicht mehr fern. Irgendwie hörte ich dann aber gerade noch rechtzeitig die Alarmglocken. Mir wurde bewusst, auf welch gefährliche Bahn ich geraten war und dass ich, wenn ich so weitermachte, nicht nur meine Gesundheit ruinieren, sondern auch meine Familie verlieren würde. Das war mir die Sache nicht wert. Ich ordnete meine Prioritäten neu und setzte von da an meine Familie an die erste Stelle, gefolgt von meiner Gesundheit. Erst danach kam nunmehr der Beruf. Außerdem fing ich an, im Sinne der Achtsamkeit stärker auf die Signale meines Körpers zu hören. Das half mir, Abstand zu den zahlreichen Stressoren, die auf mich einwirkten, zu schaffen und mit Niederlagen oder schwierigen Situationen besser umzugehen.

Im Laufe der Jahre entwickelte ich daraus eine Haltung, wie ich den „Stürmen des Lebens" besser begegnen kann: Ich stelle mir vor, ich stünde auf einem Deich und sähe die Wellen anrollen. Ich habe dabei alles im Blick, erkenne was auf mich zukommt, kann rechtzeitig und aktiv handeln – und nicht nur reagieren. Dadurch gewinne ich Unabhängigkeit im Umgang mit mir selbst und meiner Umwelt. Übertragen auf meine Erkrankung stellt der MP einen solchen Sturm dar, den ich auf mich zukommen sehe und dem ich mithilfe meines Glaubens trotzen möchte.

Mit diesem Gedanken im Hinterkopf erreiche ich nach 8 Stunden Fußmarsch Pamplona. An der „Puente de la Magdalena" über den Río Arga entdecke ich ein uraltes steinernes Pilgerkreuz. Unter der Figur der Mutter Gottes sind zwei Greifen abgebildet, die eine Jakobsmuschel halten. Im Mittelalter wurde diesen mythischen Mischwesen aus Löwe und Greifvogel oftmals eine Wächterrolle zugewiesen. Damals wie heute wachen sie über die Brücke und die Pilger, die sie auf ihrem Weg nach Santiago überqueren.

Es ist für mich Ehrensache, in der nahegelegenen „Casa Paderborn" zu übernachten: ein Stück Heimat in der Fremde. Die Herberge am Fuße der Altstadt wird vom Verein der

„Jakobusfreunde Paderborn" unterhalten.[12] Freiwillige, die jeweils drei Wochen ihres Urlaubs opfern, betreuen die Pilger. Empfangen werde ich mit einem wohltuend kühlen Erfrischungsgetränk.

Die „Puente de la Magdalena" in Pamplona

Außerdem treffe ich hier Verena wieder, die mir schon in Orisson und unterwegs des Öfteren begegnet ist. Wir beschließen, eine „WG" zu gründen, wobei wir jedoch keine Wohn-, sondern eine Waschgemeinschaft eingehen. Da man als Pilger unmöglich für mehrere Wochen Kleidung mitnehmen kann, wäscht man in der Regel täglich. Fast alle Herbergen verfügen daher auch über Waschmaschinen, die man für 3 € pro Waschladung nutzen kann. Weil das auf Dauer aber ganz schön ins Geld geht, ist es sinnvoll, sich mit jemandem zusammenzutun. Die damit verbundene Arbeitsteilung ist ein weiteres Argument, das Verena und mich überzeugt.

---

[12] Paderborn und Pamplona pflegen eine langjährige Städtepartnerschaft, in deren Rahmen die Herberge 2006 entstand.

Nachdem wir unsere Pilgerpflichten wie Wäschewaschen und Körperpflege erledigt haben, steht ein Stadtrundgang auf dem Programm. Mit einem etwa 20 m hohen, gläsernen Aufzug geht es vom Flussufer hinauf in die Altstadt. An der großen Stierkampfarena vorbei führt uns der Weg zum Rathaus und weiter zur Kathedrale „Santa María la Real". Hinter deren Fassade aus dem 18. Jahrhundert verbirgt sich ein hochgotischer Bau. Mit Ehrfurcht bestaune ich die riesigen vergoldeten Altäre. Besonders beeindruckt mich der Sarkophag des Stifters der Kirche, König Carlos III. de Navarra, genannt „der Edelmütige", und dessen Gattin Leonor de Trastámara. Die Alabasterfiguren der beiden sehen aus, als ob sie schliefen.

Das Grabmal von Carlos III. und seiner Frau Leonor

Bei einer Runde durch den Kreuzgang, der als einer der schönsten Spaniens gilt, entdecke ich eine kunstvoll geschmiedete Gittertür, die mich an ein ähnliches Objekt in der Kathedrale von Le Puy-en-Velay erinnert. Zum Abschluss meines Besuches entzünde ich noch eine Kerze und bete zu Jakobus für das Wohl meiner Familie.

Nach einem kleinen Stadtbummel und dem Auffrischen unserer Vorräte an Wasser und Schokolade im einzig noch geöffneten Supermarkt genießen wir bei Bier und Tapas auf der „Plaza del Castillo" den lauen Frühlingsabend. Dabei sind wir umgeben von spanischen Großfamilien, deren fröhlicher Lärm einen scharfen Kontrast zur Stille des „Camino" bildet.

Während Verena sich zurück in der Herberge sofort müde und erschlagen vom heutigen Marsch in ihr Bett verkriecht, setze ich mich noch zu anderen Pilgern, die miteinander Volkslieder sowie alte und junge Schlager singen. Wie selbstverständlich werde ich in die Runde aufgenommen und wird der Wein, den jemand gestiftet hat, mit mir geteilt. Der Umgang miteinander ist so vertraut und harmonisch, als ob wir uns alle schon ewig kennen würden. Die Herkunft, was einer ist oder glaubt, spielt keine Rolle. Uns eint das gemeinsame Ziel. Bei dem Gedanken, dass ich hier mit Menschen zusammensitze, die ich vermutlich nie wiedersehen werde, überkommt mich ein Anflug von Melancholie. Auf dem weiteren Weg werde ich allerdings noch viele solcher Begegnungen erleben.

Tag 5

Datum	26.04.2015	Wegstrecke	25 km
Zielort	Puente la Reina	Ø-Tempo	3,9 km/h
Herberge	Albergue Puente	Gesamtzeit	8 h

Noch im Dunkeln bricht die Pilgerkarawane auf. Der Weg führt uns quer durch Pamplona, an der wie tot daliegenden Zitadelle vorbei, über die menschenleere „Plaza del Castillos" und schließlich auf der von Bäumen gesäumten „Avenida de

Pío XII." aus der Stadt hinaus. Die Straßen sind feucht vom nächtlichen Regen. Es herrscht eine eigentümliche Stimmung: Jeder geht für sich, hängt seinen Gedanken nach, und doch sind wir eine große Gemeinschaft mit demselben Ziel: Santiago.

Ein Koreaner leistet mir Gesellschaft. Nachdem wir eine Weile schweigend nebeneinanderher gelaufen sind, entspinnt sich ein Gespräch über unsere Motive, den „Camino" zu gehen. Lange Jahre beruflich für eine koreanische Firma in Europa unterwegs, ist ihm die hiesige Kultur, an deren Entwicklung der Jakobsweg bekanntlich einen bedeutenden Anteil hat, nicht fremd. Nun will er sie auch privat kennenlernen. Was ihn allerdings in seinem Innersten antreibt, den langen, teuren Flug auf sich zu nehmen, um sich dann derart zu plagen, bleibt wie bei vielen Pilgern, die ich unterwegs treffe, offen.

Er fragt mich auch nach meinen Beweggründen. Ich berichte ihm von meiner Krankheit und dass ich einen Weg suche, ihr gegenüber meine Selbständigkeit zu bewahren. Doch noch während ich das sage, kommen in mir Zweifel auf, ob das tatsächlich der wahre oder nur ein guter, vom Verstand formulierter Grund ist. Die Frage, was mich wirklich antreibt, kann ich in letzter Konsequenz nicht beantworten. Die Motive, die unser Verhalten beeinflussen, liegen meist so tief in unserem Herzen, dass wir uns ihrer kaum bewusst sind. Gläubige Menschen sprechen daher auch vom „Heiligtum im Innersten ihres Herzens", wie ich auf dem bereits erwähnten Seminar in Münsterschwarzach erfuhr.

Durch weites, hügeliges Land geht es auf Feldwegen der Sierra del Perdón entgegen. Der bis zu 1.037 m hohe Gebirgszug, dessen Name „Bergkette der Vergebung" bedeutet, bildet die Grenze zwischen dem Pamplona-Becken und der

Ebro-Senke. Aus grauen, regenschweren Wolken fallen einige Tropfen. Glücklicherweise sind es so wenige, dass der Boden trocken bleibt und ich gut vorankomme. Bevor es richtig bergauf geht, gönne ich mir in einem kleinen, engen Gemischtwarenladen in Zariquiegui eine Tasse heißen Kaffee. Dabei höre ich einen anderen Pilger klagen, der wegen starker Schmerzen in seinen Beinen nicht mehr weiterlaufen kann. Ich rate ihm, sich von einem Taxi in das nächste „Centro de Salud" bringen zu lassen. Ein solches „Gesundheitszentrum" zur medizinischen Erst- und Grundversorgung gibt es in Spanien in jedem größeren Ort. Auch ausländische Besucher, die über eine europäische Krankversicherungskarte verfügen, können dort kostenfrei ärztliche Hilfe in Anspruch nehmen. Leider erfahre ich nicht mehr, ob der Mann meinen Ratschlag beherzigt hat oder was letztlich aus ihm geworden ist.

Eine Kette moderner Windkraftanlagen weist den Weg zum 735 m hohen Alto del Perdón. Der Aufstieg ist teilweise mit Geröll gespickt, aber nicht allzu steil und lässt sich angesichts der trockenen Witterung gut bewältigen. Oben pfeift ein frischer Wind. Die Passhöhe ziert eine urige Skulptur aus rostigem Stahl, die im krassen Gegensatz zu den Windrädern steht. Sie zeigt Pilger in historischen Gewändern mit langen Stöcken sowie Pferde und Esel, die deren Gepäck tragen. Ich genieße die Aussicht auf das hinter mir liegende Pamplona und das sich im Süden erstreckende Tal des Río Robo.

Der Abstieg ist eine reine Geröllhalde, auf der man bei Nässe leicht ausrutschen und sich verletzten kann. Vorsichtig setze ich einen Fuß vor den anderen und danke Gott, als ich unbeschadet unten ankomme.

Die Pilgerkarawane auf dem Alto del Perdón

Am Ortseingang von Puente la Reina, meinem heutigen Ziel, begrüßt mich ein schmiedeeiserner Jakobus. Ich halte kurz an, um mich mit einem Gebet für sein Geleit zu bedanken. An der „Iglesia del Crucifijo" vorbei, erreiche ich gerade noch rechtzeitig die Herberge, bevor ein Starkregen losbricht. Wenig später trifft auch die pudelnasse Verena ein. Nachdem der Regen aufgehört hat, bummeln wir gemeinsam durch den Ort zur „Puente la Reina", der „Brücke der Königin", benannt nach einer Regentin aus dem im 11. Jahrhundert, die mit dem von ihr gestifteten Bauwerk den Pilgern das Überqueren des Río Arga erleichtern und sie von den Wucherpreisen der Fährleute befreien wollte.

Die „Puente la Reina" im gleichnamigen Ort

Mein Resümee der 1. Phase

Nachdem ich nun fast eine Woche unterwegs bin, kann ich sagen, dass der Aufbruch geglückt ist. Ich bin froh und danke Gott dafür, dass sich mein Körper und Geist so schnell wieder an das Pilgerleben gewöhnt haben. Ich fühle mich fit für das, was vor mir liegt, und träume bereits von längeren Etappen. Man könnte fast meinen, ich hätte die Lektionen, die mir der MP in der Vergangenheit erteilt hat, schon vergessen.

Bei meiner Gehmeditation auf dem Weg nach Pamplona habe ich meinen Zustand sowie meine Möglichkeiten und Grenzen ausgelotet und beschlossen, diese wertfrei zu akzeptieren. Außerdem habe ich mein Vorhaben noch einmal auf den Prüfstand gestellt und bewusst entschieden, was ich erreichen möchte, nämlich in Santiago ankommen. Dass dies nicht einfach wird, ist mir klar, denn die Krankheit zeigt mir schon in dieser Phase immer mal wieder die „gelbe Karte", wie etwa beim Abstieg nach Zubiri an Tag 3. Ich muss aufpassen, dass ich mich nicht überfordere. Wann dies der Fall ist, weiß ich aber leider oft erst hinterher.

Phase 2 – „Flow" (Tag 6 - 17)

Die nächste, knapp 300 km lange Etappe wird mich durch weites, offenes Land führen. Bei milden Temperaturen zwischen 15 und 25 °C sollte die Strecke angenehm zu laufen sein. Zwischendurch wollen allerdings die bis auf 1.100 m reichenden Oca-Berge sowie der 900 m hohe Alto de Mostelares, ein weiterer Pass kurz hinter Castrojeriz, überwunden werden. An kulturellen Höhepunkten erwarten mich die Städte Estella, Viana, Logroño und vor allem natürlich Burgos, die Hauptstadt der gleichnamigen Provinz, die aufgrund ihrer besonderen klimatischen Bedingungen auch den Beinamen „la Fría", „die Kalte", trägt.

Im Hinblick auf meine „innere Reise" wird sich zunehmend abzeichnen, dass der Schlüssel für meinen Umgang mit dem MP im Glauben an Gott liegt. Durch das „Beten mit den Füßen", wie das Pilgern auch genannt wird, erhoffe ich mir, einen Zugang zu ihm zu finden. Denn Pilgern heißt schließlich, Gott zu suchen mit der Hoffnung auf Heil(-ung). Dabei ist mir bewusst, dass der Weg dahin nicht einfach und gerade ist, sondern steinig, verschlungen, mühsam, mitunter auch leidvoll. Immer klarer sehe ich ihn vor mir und mich zugleich in die Pilgerrolle hineinwachsen.

Tag 6

Datum	27.04.2015	Wegstrecke	23 km
Zielort	Estella	Ø-Tempo	4,0 km/h
Herberge	Albergue municipal	Gesamtzeit	7 h

Einer der ersten Orte auf meiner heutigen Etappe ist Cirauqui. Hier empfiehlt mir ein französisches Pilgerpaar eine Bar, in der man angeblich ein hervorragendes warmes „Bocadillo", ein dick mit Omelett und Schinken belegtes Sandwich, bekommt. Das passt gut, denn mir ist kalt und Hunger habe ich auch. Also folge ich dem Ratschlag und werde nicht enttäuscht. Das „Bocadillo" übertrifft alle meine Erwartungen.

Gut gestärkt setze ich meine Wanderung fort. Gleich hinter Cirauqui passiert der „Camino" eine halbverfallene Römerbrücke. Früher überquerten sie schwerbewaffnete Legionen, heute nur noch friedsame Pilger. Faszinierend, welche Spuren die Römer überall in Europa hinterlassen haben. Und ihre Bauwerke scheinen ewig zu halten.

Kurz hinter Villatuerta steht einsam zwischen Olivenbäumen die „Ermita de San Miguel Arcángel". Die kleine Kapelle ist das Überbleibsel eines längst verschwundenen Klosters aus dem 11. Jahrhundert. Statt Fenster besitzt sie nur ein paar Sehschlitze und wirkt dadurch ein wenig unheimlich, fast wie ein Gefängnis. Für die mittelalterlichen Pilger war die Einsiedelei jedoch ein Platz des Schutzes und der Einkehr. Hier konnten sie abgeschirmt und ungestört von äußeren Einflüssen mit Gott sprechen.

Die Einsiedelei „San Miguel Arcángel" bei Villatuerta

Auch ich suche auf meinem Weg das Gespräch mit Gott, mit dessen Frieden und Kraft ich dem MP begegnen will. Dabei fallen mir immer wieder die Zeilen des Gedichts „An die Pilger Europas" eines unbekannten Autors ein, in dem es sinngemäß heißt:

> *„Er ist Dein Friede, er ist Deine Freude.*
> *Geh, es ist ja der Herr, der mit Dir geht."*

Um den Kopf für diese Botschaft frei zu bekommen und intensiver darüber nachdenken zu können, nutze ich erneut die bereits bewährte Methode der Gehmeditation. Das tiefe Hineinhorchen in meinen Körper und das Beobachten der gleichmäßigen Bewegung meiner Beine wirken beruhigend und schaffen Raum für die Suche nach dem richtigen Weg. Doch wie sieht der aus? Ich bin unsicher, ob ich ihn selbst finden kann oder besser geistliche Unterstützung in Anspruch nehmen sollte. Eine Exerzitienwoche in einem Kloster oder Gespräche mit einem Priester könnten eventuell hilfreich sein.

Andererseits bilde ich mir ein, dass ich mit dem MP mittlerweile ganz gut umgehen kann und ihn als einen Teil von mir akzeptiere. Gegen ihn anzukämpfen, wäre ohnehin sinnlos, da es bedeuten würde, gegen mich selbst anzukämpfen. Und dabei kann ich nur verlieren. Ob es mir allerdings gelingt, diesen guten Vorsatz auch dauerhaft durchzuhalten, muss sich erst noch zeigen.

Heute werde ich jedenfalls ein weiteres Mal diesbezüglich auf die Probe gestellt: Wie schon 2012 auf der „Via Gebennensis" entwickele ich beim Laufen einen starken „Rechtsdrall", was bedeutet, dass mein Oberkörper permanent zur Seite wegzusacken droht und es mich sehr viel Kraft kostet, dagegen anzusteuern. Ich sehe darin ein weiteres Warnsignal des MP, mich nicht zu übernehmen. Plötzlich erscheint mir die Krankheit gar nicht mehr so abstrakt und theoretisch wie noch in den letzten Tagen, sondern höchst präsent und real.

Auf diesem Abschnitt des „Camino" treffe ich erstaunlich viele Koreaner, Australier und Amerikaner, die alle eine weite Anreise auf sich genommen haben, um diesen besonderen Pilgerpfad zu erleben. Ihre Motive sind so unterschiedlich wie die Menschen: Mal ist es die Neugier, herauszufinden, warum sich dieser Weg eigentlich weltweit einer solchen Popularität erfreut. Mal sind es Erinnerungen an die eigene Kindheit, wie etwa bei jenem Australier, der früher öfters mit seinen Eltern in Spanien war, dabei aber nie die Gelegenheit hatte, Land und Leute richtig kennenzulernen und der das nun als Pilger nachholen möchte. Bei manchen Amerikanern habe ich hingegen eher den Eindruck, dass es in ihrer Heimat gerade „in" ist, behaupten zu können, „The Way" gegangen zu sein. Eine amerikanische Studentin, die ein Auslandssemester in Madrid absolviert, erklärt mir jedoch, dass es sogar zu ihrem

Studienplan gehöre, den Weg zu gehen und so ein Stück europäische Religionsgeschichte kennenzulernen.

Am Ufer des Río Ega entlang erreiche ich am Nachmittag schließlich die Stadt Estella, die wegen ihrer Kirchen und prächtigen Bürgerhäuser auch „die Schöne" genannt wird. Hier habe ich vor, in der „Albergue ANFAS" zu übernachten, die ein Verein für geistig behinderte Menschen betreibt, den ich mit meinem Übernachtungsgeld unterstützen möchte. Ich klingele ein paarmal, aber nichts rührt sich. Da öffnet sich in einem der oberen Stockwerke ein Fenster und eine ältere Frau ruft etwas zu mir herunter. Leider verstehe ich nicht, was sie mir sagen will. Ein junges Mädchen, das zufällig vorbeikommt, übersetzt mir radebrechend in Englisch, dass die Herberge erst in ein paar Tagen öffne. Hätte ich bloß mal meinen Reiseführer sorgfältiger gelesen...

Aus Sorge um mein Nachtlager haste ich panisch zur nächsten Unterkunft, einer städtischen Herberge, vor der die Pilger bereits Schlange stehen. Dort ergattere ich noch eines der letzten freien Betten. Die „Albergue municipal" erweist sich allerdings als schlichtes Massenquartier, in dem lediglich ein paar Trennwände für etwas Privatsphäre sorgen. Die Luft im Schlafsaal ist stickig, die sanitären Anlagen bescheiden, aber immerhin gibt es warme Duschen. In dem hübschen, gemütlichen Innenhof lässt es sich zudem gut ausruhen. Die Herberge verfügt ferner über eine große Küche, die von mehreren Pilgergruppen gleichzeitig genutzt wird. Es herrscht ein fröhlicher, lauter Kampf um Feuerstellen, Töpfe und Geschirr.

Tag 7

Datum	28.04.2015	Wegstrecke	21 km
Zielort	Los Arcos	Ø-Tempo	4,3 km/h
Herberge	La Fuente Casa de Austria	Gesamtzeit	6 ½ h

Nach dem gestrigen „Warnschuss" spüre ich den „Rechts-drall" heute nur noch minimal, dennoch fühle ich mich wie in einer Zwickmühle. Was immer ich auch tue, ist falsch. Mehr Rücksicht auf meine Gesundheit nehmen hieße, aufzuhören oder mehr Zeit einzuplanen. Aber ich will doch Santiago er-reichen. Und der Rückflug ist bereits fest gebucht. In meiner Ratlosigkeit bete ich zu Gott und flehe ihn um Hilfe an.

Zum Glück sorgt der Weg schon bald für die nötige Ab-lenkung: Drei Kilometer hinter Estella lädt der „Weinbrunnen" des Weingutes „Irache" zu einer Rast ein. Pilger dürfen hier kostenlos Rotwein und Wasser schöpfen. Schon morgens herrschen starker Andrang und ein großes Hallo. Vor allem die asiatischen Pilger haben einen Riesenspaß. Es wird foto-grafiert, was das Smartphone hergibt. Die Bilder werden na-türlich sofort rund um die Welt verschickt. Auch ich gönne mir einen Schluck. Meine Jakobsmuschel muss mir als Trinkge-fäß dienen, etwas anderes habe ich nicht.

Zwischen zwei Schauern kündigt ein Regenbogen bes-seres Wetter an und erinnert mich daran, dass Gott Frieden mit den Menschen geschlossen hat.[13] Doch nicht nur der spa-nische Himmel, sondern auch die Landschaft mit ihrer unge-heuren Weite hat etwas Majestätisches an sich. Riesige Weinberge, endlose Getreidefelder und ausgedehnte Wiesen

---

[13] Siehe 1. Mose 9,13

wechseln sich ab. Schattenspendende Bäume gibt es dagegen weit und breit keine. Im Hochsommer bei sengender Hitze muss das Laufen hier eine Tortur sein. Am Wegesrand bietet die „Fuente de los Moros", der „Brunnen der Mauren", bereits seit dem Mittelalter durstigen Pilgern die Gelegenheit, sich mit frischem Wasser zu versorgen. Ich trinke jedoch lieber nicht davon, denn es wirkt unsauber.

Morgendliche Erfrischung am Weinbrunnen

Weiter geht es auf breiten, gut geebneten Feldwegen an Villamayor de Monjardín vorbei nach Los Arcos, meinem heutigen Etappenziel. Die „Albergue La Fuente Casa de Austria", die von einer österreichischen Pilgervereinigung betrieben wird, versteckt sich in einer Seitenstraße im Zentrum des kleinen Dorfes. Würde nicht draußen an der Gittertür ein

Hinweisschild hängen, hätte ich sie vermutlich übersehen. Den Eingangsbereich der Herberge ziert eine große Collage in Form einer Jakobsmuschel, die von Willkommensschildern in verschiedenen Sprachen eingerahmt ist. Rechts daneben zeigt ein Wegweiser die Entfernung zu verschiedenen bekannten Pilgerorten im In- und Ausland an. Im urigen Innenhof der „Casa" bilden Weinreben ein schattiges Blätterdach, das gerade im Hochsommer für angenehme Temperaturen sorgt.

Die Anmeldung verläuft chaotisch, die Herberge ist ausgebucht. Alle reden durcheinander und jeder drängelt so gut er kann. Am Ende erhalte auch ich meinen Stempel und ein Bett, wobei ich diesmal darauf achte, die untere Etage des obligatorischen Doppelstockbetts zugeteilt zu bekommen, damit ich bei MP-bedingtem nächtlichen Harndrang nicht wieder akrobatische Klettereinlagen vollführen muss.

Danach wollen die üblichen Pilgerrituale erledigt werden. Neben Wäschewaschen und Körperpflege stehen Schuhe putzen, Knöpfe annähen und das Festkleben der Sohlen meiner Stiefel auf dem Programm. Darüber hinaus verlangen die Akkus von Telefon und GPS-Gerät nach frischer Energie.

Vor dem Abendessen zünde ich in der „Iglesia de Santa María" für meine Familie und mich eine Kerze an und danke Gott dafür, dass er mich auf dem Weg behütet. Anschließend setze ich mich in eines der bereits gut gefüllten Restaurants auf dem Platz vor der Kirche und gönne mir ein erfrischendes Bier sowie ein paar Tapas.

Es mag ein wenig „versoffen" klingen, aber auf all meinen Pilgerfahrten habe ich auch bei großer Hitze meistens Bier als „Durstlöscher" getrunken, manchmal sogar schon zum zweiten Frühstück. Ich bilde mir ein, dass ich so die beim Schwitzen verlorengegangenen Mineralien besser ersetzen konnte als mit Wasser. Zudem war der Alkohol schnell wieder ausgeschwitzt und mein Bierkonsum nahm deswegen insgesamt auch nicht zu.

Am Nachbartisch entdecke ich in einer größeren Gruppe ein holländisches Pilgerpaar, das mir schon in Orisson und Estella begegnet ist. Es ist ein Phänomen: manche Pilger treffe ich auf dem Weg immer wieder, manche erst nach langer Zeit. Andere, wie etwa den Koreaner aus Pamplona, habe ich dagegen komplett aus den Augen verloren. Es ist, als ob sich eine Welle aus Pilgern durch das Land schiebt. Mit der Zeit kennt man sich.

Tag 8

Datum	29.04.2015	Wegstrecke	18 km
Zielort	Viana	Ø-Tempo	4,1 km/h
Herberge	Albergue Izar	Gesamtzeit	5 ½ h

Der Weg von Los Arcos nach Viana führt auf Schotterstraßen durch weites, offenes Land. Auch wenn erneut kein Baum Schatten spendet, ist die Strecke bei leicht bedecktem Himmel angenehm zu gehen. Entlang des Weges stehen Ginster, Mohn und andere Blumen, deren Namen ich nicht kenne, in voller Blüte. Das auf einem Hügel errichtete Örtchen Sansol weist mir wie ein Leuchtturm den Weg. Von dort geht es hinab nach Torres del Río, wo die „Iglesia del Santo Sepulcro" auf mich wartet. Die Kirche aus dem 12. Jahrhundert, deren achteckige Konstruktion vermutlich von maurischen Baumeistern aus Córdoba stammt, gehörte einst den Chorherren vom Heiligen Grab in Jerusalem. Eine bautechnische Meisterleistung ist die Kuppel mit ihren acht kunstvoll miteinander verschlungenen Bögen. Auffällig ist auch die Dachlaterne, in der früher angeblich ein Licht brannte, das den Pilgern nachts als Wegweiser gedient haben soll.

Ganz besonders beeindruckt mich aber der Gekreuzigte. Er hängt nicht, wie sonst oft dargestellt, an den Nägeln, sondern steht auf einem Sockel, der ihn zu entlasten scheint. Seine Haare wirken gepflegt, sein Lendentuch aufwendig, ganz anders als etwa bei der Pietà von Nenningen bei Göppingen, die den Schmerz und die Verzweiflung regelrecht zum Himmel zu schreien scheint. Sein Gesichtsausdruck beschäftigt mich lange. Er wirkt auf mich entspannt, fast abgeklärt. Ich kann kein Leid in seinem Gesicht erkennen. Eher schaut er von seinem Podest auf das Leiden in der Welt hinab.

Der Gekreuzigte in Torres del Río

Hinter Torres del Río geselle ich mich für einige Kilometer zu einem Straßburger und einer Pariserin, die ich auch schon in Orisson gesehen habe. Nach dem üblichen Austausch über das „Woher" und „Wohin" kommen wir auf unsere Pilgermotive zu sprechen. Wie so viele andere wollen auch die beiden den Weg nutzen, um ihre Gedanken zu sortieren und zu sich selbst zu finden.

Ich erzähle ihnen von meiner Parkinson-Erkrankung und dass ich sie gewissermaßen mit Hilfe des Placeboeffekts zu überwinden hoffe. Jener besagt, dass der Glaube an die Heilung diese unterstützen kann, was meines Erachtens auch das Bibelwort „Der Glaube versetzt Berge" ausdrückt. Während der Placeboeffekt jedoch eher einen sachbezogenen Charakter hat, besitzt der Glaube an den Frieden und die Kraft Gottes für mich eine ganz andere Qualität. Er ist der Anker, der mir in jeder Lebenssituation Halt gibt und mir wie ein Leuchtturm in schwarzer, stürmischer Nacht den Weg weist. Deshalb will ich mit seiner Hilfe dem MP begegnen.

Selbstverständlich nehme ich zusätzlich Tabletten und nutze verschiedene Behandlungsangebote wie Logo-, Ergo- oder Physiotherapie. Hinzu kommt mein Wille, mich vom Parkinson nicht unterkriegen zu lassen. Daher sehe ich mich auch im oberen rechten Quadranten des folgenden Diagramms:

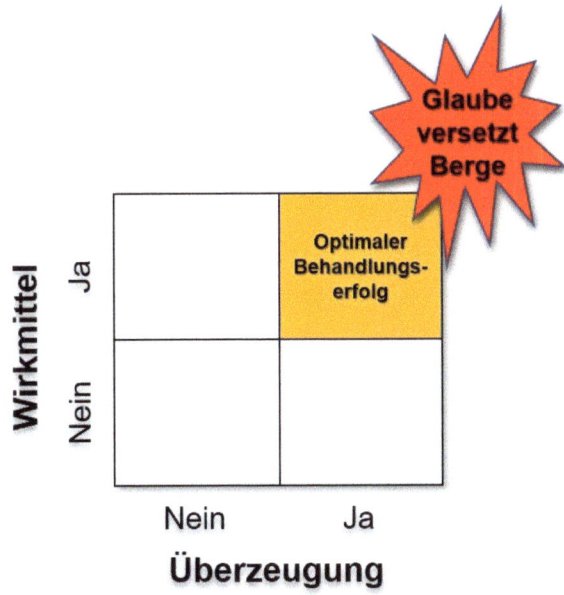

Meine Vision ist allerdings der Stern darüber. Ich hoffe auf Heilung durch ein Wunder – oder wie es in der Medizin heißt: Spontanheilung. Ich weiß, dass das ein Wunschtraum ist, ohne dessen Erfüllung mir aber nur bleibt, mich mit dem Hinauszögern der Degeneration zufriedenzugeben.

Zwar habe ich Angst, weil ich mir nicht vorstellen kann, einen so tiefen Glauben zu entwickeln wie der Aussätzige oder der Blinde[14], die durch Jesus geheilt wurden. Ich will und darf meine Bemühungen im Umgang mit dem MP deswegen aber nicht aufgeben. Ich muss versuchen, das Beste aus meiner Situation zu machen und mich vor allem nicht von der Krankheit beherrschen zu lassen. Daher will ich meine Vision

---

[14] Siehe Markus 1,40-45 / 10,46-52

so gut ich kann weiterverfolgen. Ich weiß, das klingt vermessen, aber ich sehe keinen anderen Weg.

Wir Menschen neigen dazu, unser jetziges Leben linear in die Zukunft fortzuschreiben. Die Realität zeitigt aber oft genug das Gegenteil. Unser Leben erfährt spontane Wendungen, die wir uns vorher gar nicht vorstellen konnten und die unseren Alltag von heute auf morgen auf den Kopf stellen. So ging es mir auch mit dem Parkinson. Doch muss es eigentlich immer einer Wendung zum Schlechten sein? Kann denn nicht auch etwas plötzlich besser werden? Hoffen darauf, darf ich jedenfalls, es erwarten nicht!

Meine Vision ist so tiefgreifend, dass sie weit über den Jakobsweg hinausgeht. Ihre Umsetzung ist eine langfristige Aufgabe, die mit der Ankunft in Santiago nicht abgeschlossen sein wird. Der „Camino" gibt mir aber schon mal ausführlich Gelegenheit, meine Einstellung zu mir selbst, meinem Leben, meiner Umwelt und nicht zuletzt meinem Glauben an Gott auf den Prüfstand zu stellen und neu zu justieren, denn er ist lang – im physischen wie im mentalen Sinne.

Die Öffnung zum Glauben folgt dann als nächster Schritt. Ich frage mich, ob ich dazu die rationale Ebene verlassen und mich einer Art „naivem Kinderglauben", einem vorbehaltlosen, spirituell geprägten Glauben, öffnen muss. Das könnte ich vermutlich nicht, widerspricht es doch meiner von Rationalität geprägten „Ingenieursmentalität". Mir geht es da wie dem „ungläubigen Thomas"[15]. Ich will überzeugt werden durch das, was ich wahrnehme und begreife. Aber darf ich überhaupt mit Gott hadern? Sind Zweifel und Zerrissenheit erlaubt? Ich meine ja, denn nur durch Zweifel oder kritisches Hinterfragen meiner selbst entwickele ich mich weiter. Im

---

[15] Siehe Johannes 20,19-29

Übrigen berichtet auch die Bibel über eine Reihe solcher Begebenheiten.

Einem Glauben aus Überzeugung, der aus einer Auseinandersetzung mit mir selbst und Gott hervorgeht, möchte ich mich gern öffnen. Das entspricht meiner inneren Einstellung. Der „Camino" zeigt mir dafür den Weg. Ich gehe ihn im Gottvertrauen, dass ich mein Ziel erreichen werde. Dabei folge ich den gelben Pfeilen, die mir die Richtung nach Santiago weisen, und baue darauf, dass sie mich nicht in die Irre leiten.

Auch mein Lebensweg kennt diese „gelben Pfeile". Meine Öffnung für den Glauben sehe ich darin, sie zu erkennen und ihnen zu folgen. Wie ich auf meinen Pilgerfahrten gelernt habe, ist die Voraussetzung dafür, wachsam zu sein. Oft ist der richtige Weg schmal und verwachsen, vielleicht auch schlammig oder glatt, während nebenan verführerisch die breite und bequeme Autobahn lauert.

Manchmal habe ich das Gefühl, in die falsche Richtung zu gehen, weil ich keine Pfeile mehr sehe. Dann gebiete ich mir Einhalt, gehe eventuell sogar zurück, um mich neu zu orientieren. Es kommt aber auch vor, dass ich irritiert bin, obwohl der Weg eigentlich eindeutig ist und keine Alternative zulässt. Dann hilft es nur, standhaft zu bleiben, mich zu vergewissern, dass ich beim letzten Abzweig meine Route korrekt gewählt habe, und auf Gott zu vertrauen, dass er mir den rechten Weg weist. Trotz dieser Gewissheit wird es dennoch eine lebenslange, von Unsicherheit und Skepsis begleitete Suche bleiben und ich werde Zeit meines Lebens ein Pilger sein.

Die beiden Franzosen hören aufmerksam zu. Ich bin mir aber nicht sicher, ob sie meine Überlegungen in letzter Konsequenz verstehen. Die Botschaft ist kompliziert und meine beschränkten Französischkenntnisse erschweren es mir zusätzlich, sie zu vermitteln. Mir hat das Gespräch jedoch geholfen, mein Gedankengebäude auf innere Logik, Geschlossenheit und vor allem Machbarkeit zu überprüfen. Und ich habe dadurch eine Antwort auf die Frage gefunden, wie ich mich dem Glauben öffnen kann, nämlich durch achtsames Voranschreiten im Vertrauen auf Gottes Fügung.

Kurz vor Viana trennen sich unsere Wege. Während ich in der Stadt mit Verena verabredet bin, wollen die beiden heute noch die 15 km bis Logroño laufen. Mit einem „Buen Camino"[16] – dem üblichen Pilgergruß – und einem gemeinsamen Foto verabschieden wir uns.

Nachdem die heutige Etappe mit 18 km erholsam kurz ausfällt, erreiche ich schon am frühen Nachmittag mein Ziel. In der „Albergue Izar" am Fuße der Altstadt habe ich für Verena und mich zwei Betten und eine Waschmaschine reserviert. Hier lernen wir Maria und Tobias kennen, die in Pamplona gestartet sind und uns noch bis Astorga begleiten werden. Da wir wegen unserer Rückflüge alle zur selben Zeit in Santiago sein müssen, auf dem Weg dahin aber jeder in seinem eigenen Rhythmus gehen will, vereinbaren wir für dort ein großes Wiedersehen.

Nach einem erholsamen Mittagsschlaf will ich in der „Iglesia de Santa María" eine Kerze anzünden, doch die Kirche ist wie üblich bis zum Abendgebet geschlossen. Um die Zeit zu überbrücken, statte ich der örtlichen Bibliothek einen Besuch ab. Dort kann ich kostenlos meine Mails checken und der Familie schreiben, dass es mir gut geht.

Als die Kirche endlich öffnet, begutachte ich zunächst deren prächtigen vergoldeten Hochaltar aus dem 17. Jahrhundert. Anschließend wende ich mich meinem eigentlichen Ziel

---

[16] Spanisch: „Guten Weg"

zu, einer mächtigen Statue des Heiligen Jakobus. Dieser hat einen schweren, wallenden rotbraunen Umhang mit großzügigem Faltenwurf um Schulter und Körper geschlungen, der am Hals von einer außergewöhnlich großen Jakobsmuschel zusammengehalten wird. In seiner Linken trägt er ein großes, schweres Buch, sicherlich eine Bibel. Die Rechte hält einen Wanderstab, an dessen Spitze die obligatorische Kalebasse[17] befestigt ist. Auffällig ist dabei die Handhaltung: Er führt den Stab mit den Fingerspitzen, wie wenn er ein eine Gitarre spielte. Ich vermisse den Pilgerhut, bestaune dafür sein wallendes Haupthaar und den Bart. Auch seine Mimik fasziniert mich. Die Augen sind nach oben, zu Gott gerichtet. Die Gesichtszüge erscheinen mir recht modern, so gar nicht, wie ich sie mir bei einem 2.000 Jahre alten Apostel vorstelle. Die Figur macht zudem einen großen Ausfallschritt, der ihr eine besondere Dynamik verleiht.

Vor der Statue liegen Kerzen bereit. Bevor ich die Kirche wieder verlasse, zünde ich eine von ihnen an und bitte still in einem Gebet um Gottes Segen.

Viana gefällt mir gut. Es ist ein hübsches, überschaubares altes Städtchen, dessen Hauptstraße zum Flanieren einlädt. In einem der vielen Cafés mache ich es mir bei einem Cappuccino gemütlich und schaue dem Treiben auf der Straße zu. Solche Augenblicke lassen mich den MP fast vergessen.

---

[17] Ein aus einem ausgehöhlten, getrockneten Flaschenkürbis hergestelltes Gefäß zur Aufbewahrung von Wasser oder Wein.

Die Jakobusstatue in Viana

Tag 9

Datum	30.04.2015	Wegstrecke	23 km
Zielort	Navarrete	Ø-Tempo	4,4 km/h
Herberge	Albergue El Cántaro	Gesamtzeit	6 ¾ h

Nach einer ruhigen Nacht treibt mich der erste Hahnenschrei aus dem Bett. Mit einem sparsamen Herbergsfrühstück im Magen mache ich mich im Morgengrauen wieder auf den Weg. Die Sonne wird durch hohe Cirrus-Wolken verdeckt, es ist angenehm frisch. Aus Viana führt die Route an der Ruine der „Iglesia de San Pedro" vorbei den Hang hinunter durch Schrebergärten, später folgt sie der Nationalstraße N-111. Es ist ein breiter, angenehm zu beschreitender Feldweg durch nicht enden wollende Weinberge, an dessen Rand exotische rosafarbene Büsche blühen. Allerdings nervt der Lärm der nahegelegenen Straße. Über der Ebro-Brücke, die nach Logroño hineinführt, kreisen ein paar Störche. Ich mache einen japanischen Pilger darauf aufmerksam. Vor Begeisterung „schießt" er einen halben Film leer – natürlich nur digital.

In Logroño freue ich mich auf ein zweites Frühstück in einem Straßencafé in der Altstadt und gehe davon aus, dass mich die gelben Pfeile dorthin leiten werden. Doch leider ist das nicht der Fall. Stattdessen führen sie mich auf dem stark befahrenen, lärmenden Cityring um die Altstadt herum. Es bestätigt sich mal wieder eine schon früher gemachte Erfahrung, dass man Wegweisern nicht blindlings trauen, sondern immer wachsam sein und kritisch prüfen sollte, wohin sie einen lotsen. Das gilt im übertragenen Sinne auch für meinen Lebensweg.

Statt den Schätzen der Altstadt begegnet mir im Portal der „Iglesia de Santiago el Real" ein aus weiß schimmerndem Alabaster gefertigter Jakobus in der Rolle eines „Matamoros", eines „Maurentöters"[18]. Wie er so dynamisch auf seinem vorwärts preschenden Streitross sein Krummschwert schwingt, erinnert er mich eher an d'Artagnan und die drei Musketiere als an einen Heiligen. In der Kirche begegnet er mir dann auch noch so, wie ich ihn erlebe: mit Heiligenschein und den

---

[18] Der Legende nach soll Jakobus bei der ominösen „Schlacht von Clavijo" im Jahr 844 den christlichen Truppen zum Sieg gegen die Mauren verholfen haben. In der Folge machten sich zahlreiche Freischärler auf den Weg, um unter dem vermeintlichen Heerführer zu dienen – was einmal mehr zeigt, wie der Glauben schon immer für machtpolitische Zwecke missbraucht wurde.

üblichen Accessoires. So eng liegen Gegensätze manchmal beieinander.

Bald darauf quäle ich mich wieder durch den dichten, lauten Straßenverkehr. Als es aus der Stadt hinausgeht, finde ich endlich eine Bar, in der ich mein zweites Frühstück einnehmen kann. Gut gestärkt geht es danach durch die Weinberge des Rioja. Dabei lasse ich mir noch einmal mein gestriges Gespräch mit den beiden Franzosen durch den Kopf gehen. Ist es richtig, was ich mir notiert habe? Mein Ziel ist weiterhin der selbstbestimmte Umgang mit dem MP, wie schwer er es mir auch machen mag. Ich bete darum, dass mir die „gelben Pfeile" meines Glaubens den nötigen Rückhalt geben, sei es nun in Form von Worten des Trostes oder der Zuversicht.

Momentan ist der MP übrigens gnädig zu mir. Außer dass ich nicht mehr so schnell bin und mich die Blase gelegentlich nervt, spüre ich keine weiteren Beeinträchtigungen. Mit meiner täglichen Laufleistung wie auch meiner körperlichen und seelischen Verfassung bin ich sehr zufrieden.

Nach 14 lauten Kilometern entlang der „Autovía del Camino de Santiago", der Autobahn zwischen Pamplona und Burgos, sowie einigen steilen An- und Abstiegen erreiche ich erschöpft, aber glücklich mein Tagesziel Navarrete. Kurz davor passiere ich noch die Ruine des ehemaligen Pilgerhospitals „San Juan de Acre". Die bis heute erhaltenen Grundmauern zeigen die Größe der einstigen Herberge. Die war auch nötig, um die Menge an Pilgern unterzubringen und zu verkösten. Zu Hochzeiten sollen täglich bis zu 10.000 Pilger in Santiago angekommen sein. Heutzutage sind es dagegen nur noch etwa 1.000.

In Navarrete übernachte ich mit meinen Pilgerfreunden Verena, Maria und Tobias in der „Albergue El Cántaro". Es ist eine richtige „Verwöhnherberge". Wir bekommen ein geräumiges, freundliches Vierbettzimmer mit normalen Einzelbetten und einem gepflegten Bad. Man merkt, dass die Herberge früher mal ein Hotel war. Ich genieße den Luxus.

Nach einer ausführlichen „Siesta" klettere ich auf den „Cerro Tedeón", einen Hügel im Ortskern, auf dem sich einst eine Burg befand. Dort erfreue ich mich an der fantastischen Rundumsicht. Im Osten vermag ich über endlose Weinberge hinweg im Dunst Logroño zu erkennen. Meine Familie kommt mir in den Sinn. Wie schön wäre es, wenn wir diesen Moment gemeinsam erleben könnten.

Vor dem Abendessen bummele ich noch ein wenig durch die Altstadt und prüfe schon mal, wo der Weg mich morgen weiterführen wird. Wie in vielen Orten auf meiner Reise liegen auch hier Verfall, Erhalt und Erneuerung eng beieinander. So ist der Platz vor der „Iglesia de Santa María de la Asunción" schön hergerichtet und mit zahlreichen Platanen gespickt. Es fällt mir schwer, die Kirche einer Stilrichtung zuzuordnen. Von der Bauzeit her dürfte es Barock sein. Innen beeindruckt mich vor allem der riesige goldüberzogene Hochaltar, der so funkelt und glänzt, dass ich ihn gar nicht richtig fotografieren kann. Auf dem Weg nach draußen zünde ich wie üblich noch eine Kerze an und danke Gott für den Weg, den er mir zeigt.

In einer Bar in der „Calle Mayor Baja" sitzen schon Maria und Tobias bei Tapas und einem Glas Wein. Ich geselle mich dazu, und wir lassen es uns in der milden Abendsonne gut gehen. So schön kann Pilgern sein.

Tag 10

Datum	01.05.2015	Wegstrecke	23 km
Zielort	Azofra	Ø-Tempo	4,2 km/h
Herberge	Albergue municipal	Gesamtzeit	7 ½ h

Über Nacht hat sich der Himmel zugezogen. Es tröpfelt, und der Regen wird mich auch den ganzen Tag begleiten. Nach einem spartanischen Frühstück in der Herberge mit Weiß-brot, Marmelade und Kaffee führen mich im Boden veran-kerte Messingplatten mit dem Muschelsymbol aus Navarrete hinaus gen Westen. Am Ortsausgang liegt die „Ermita de Santa María de Jesús". Eine in die Wand eingefügte stei-nerne Kalebasse und ein Wanderstab bezeugen, dass die Einsiedelei früher auch als Pilgerunterkunft diente.

Die Strecke nach Azofra führt gleichförmig durch das Weinland Riojas und verläuft dabei parallel zur „Autovía del Camino". Offenbar stellt der Jakobsweg hier in weiten Teilen den idealen Trassenverlauf dar, so dass man beim Bau des 2007 eröffneten Autobahnabschnitts quasi nur noch etwas Teer auftragen musste. Für die Pilger bedeutete dies in der Anfangszeit einige Unannehmlichkeiten und oft genug auch Gefahr, wenn sie sich entlang der neuen Schnellstraße be-wegten. Mittlerweile ist der Weg jedoch fast überall von der Fahrbahn getrennt, so dass es, abgesehen vom Lärm, keine Probleme mehr mit dem Verkehr gibt.

Die Tristesse von Wetter und Umgebung lädt zum Medi-tieren ein. Ich lasse meine Gedanken wie Wolken am Himmel vorbeiziehen, bis sie sich von selbst auflösen. Dabei kommen mir immer wieder die „gelben Pfeile" in den Sinn, die mir sym-bolisch den Weg zu Gott zeigen sollen und nach denen ich so lange gesucht habe. Inzwischen weiß ich, dass ich darauf vertrauen muss, dass Gott mir die richtige Richtung zeigen wird, denn ohne ihn schaffe ich es nicht. Ich bin richtig froh über diese Erkenntnis und zuversichtlich, dass es mir gelingen wird, mit seiner Hilfe meine Souveränität gegenüber dem MP zu bewahren. Ein „Flow"-Gefühl, ein Zustand völliger Vertiefung und Entspanntheit, stellt sich ein und lässt mich meine gesundheitlichen Probleme für eine Weile vergessen.

Als ich die Kleinstadt Nájera passiere, ist von Feiertagsruhe – es ist immerhin der 1. Mai, der „Tag der Arbeit" – nichts zu spüren. Stattdessen wird ein mittelalterlicher Markt abgehalten. Höhepunkt der Veranstaltung ist ein Umzug mit Königspaar, Rittern und anderen Gefolgsleuten. Natürlich fehlt auch die hohe Geistlichkeit nicht. Die Königin lächelt mir huldvoll zu, als ich ein Bild von ihr mache, ihr Gatte wirkt dagegen etwas ungnädig.

Am Ortsausgang von Nájera steht ein Hinweisschild: noch 582 km bis Santiago. Die Zahl erschlägt mich. Ob ich das wohl schaffe? So eine Riesendistanz, und das zu Fuß? Gut 200 km liegen da bereits hinter mir, ein Viertel des Weges ist bewältigt. Ich sage mir: Lass Dich von der Zahl nicht einschüchtern, denke nicht darüber nach, setze einfach einen Schritt vor den anderen und Du wirst Dein Ziel schon erreichen. Schließlich habe ich es bislang immer geschafft. Und wenn es weiterhin so gut läuft, wird es sicherlich auch diesmal funktionieren. Dieser Gedanke gibt mir frischen Mut.

Am Dorfbrunnen von Azofra unterhalte ich mich eine Weile mit einem englischen Pilger. Ihn zieht es heute noch weiter. Seine Tagesetappen sind deutlich länger als meine, allerdings ist er auch schätzungsweise halb so alt und doppelt so gesund wie ich. Aber das frustriert mich nicht, denn schlussendlich geht jeder seinen eigenen Weg.

In der städtischen Herberge von Azofra muss jeder Pilger am Eingang erst einmal seine verdreckten Stiefel ausziehen. Dafür steht extra ein großes Regal bereit, das dennoch viel zu klein für all die Schuhe ist. Auf dem Boden davor herrscht daher ziemliches Chaos. Hoffentlich finde ich meine Stiefel dort morgen früh noch wieder. Die Herberge ist eine umgebaute Fabrikhalle, in der mit Trennwänden 2-Bett-Abteile geschaffen wurden. Ich teile mir eines davon mit einem Paderborner Pilger. Er will die ganze Strecke bis Santiago in 28 Tagen laufen. Ich habe 35 eingeplant. So geht jeder in seinem Tempo. Für mich liegt der Sinn des Pilgerns auch nicht darin, den Weg schnellstmöglich hinter sich zu bringen, sondern dabei zu sich selbst und zu Gott zu finden. Da wäre Zeitdruck kontraproduktiv, setzt man sich damit doch wieder dem inneren Stressor aus, dem ich gerade entgehen will. Ein Pilger aus Budapest, der mir 2012 in Genf begegnete, lebte dies vorbildhaft aus. Er hatte keinen Plan, wann und mit welchen Zwischenstationen er in Santiago ankommen wollte, sondern ließ sich treiben in der Zuversicht, abends schon irgendwo ein weiches Ruhekissen zu finden. Er war frei von den Zwängen des Alltags, lebte ganz im „Hier und Jetzt". Ich beneidete ihn, bin ich doch wegen meines Handicaps deutlich eingeschränkter.

Tag 11

Datum	02.05.2015	Wegstrecke	22 km
Zielort	Grañón	Ø-Tempo	4,2 km/h
Herberge	Alberque San Juan Bautista	Gesamtzeit	7 ½ h

Kurz hinter Azofra begegne ich einer alten Gerichtssäule aus dem 16. Jahrhundert, die auch als Pranger gedient haben soll. Sie besteht aus zwei dicken, jeweils etwa 2 m hohen, runden Steinen, die übereinander auf einem breiten Fundament ruhen. Eine Art Kapitell mit Nasen, die in die vier Himmelsrichtungen zeigen, schließt sie ab. Darüber wölbt sich eine etwa 1 m hohe, steinerne Haube. Angesichts ihrer Lage am „Camino" könnte man die Säule auch glatt für ein Wegkreuz halten.

Am Golfplatz vor Cirueña treffe ich Maria und Tobias. Wir beratschlagen, welchen Weg wir durch den Ort nehmen sollen: den „offiziellen" oder einen alternativen, der an einer Bar vorbeiführt. Während sich die beiden für den Weg mit der Bar entscheiden, wähle ich den anderen. Auch hier gibt es ein Café, wo ich etwas zu essen bekomme, doch liegt es am anderen Ende des Ortes. Als ich dort ankomme, bin ich fast verhungert und ärgere mich, nicht mit den anderen mitgegangen zu sein.

Weiter geht es nach Santo Domingo de la Calzada. In der dortigen Fußgängerzone kommt mir eine große, illustre Hochzeitsgesellschaft auf dem Weg von der Kirche zum Festsaal entgegen. Der eleganten, festlichen Kleidung nach zu urteilen – die Damen tragen lange Kleider im spanischen Stil oder schicke Kostüme, die Herren schwarze Anzüge –, scheint sie zur Oberschicht des Ortes zu gehören. Ihr gegenüber komme ich mir mit meinen staubigen Stiefeln, dem seit zwei Tagen getragenen, durchgeschwitzten T-Shirt und meinem ungepflegten, wild sprießenden 15-Tage-Bart richtig schäbig vor. Ich verstecke mich daher lieber hinter den übrigen Zuschauern, die das Defilee beobachten.

Die Gerichtssäule von Azofra

Vor der Kathedrale, mit deren Bau bereits im frühen 12. Jahrhundert begonnen und die danach mehrfach erweitert wurde, treffe ich meine Pilgerfreunde wieder. Wir verzichten darauf,

uns den auf die Legende des „Hühnerwunders"[19] zurückge-
henden gotischen Geflügelkäfig im Inneren des Gotteshau-
ses anzusehen – auch wenn dies uns laut einer päpstlichen
Bulle aus dem Jahr 1350 Ablass verspräche. 3 € erscheinen
uns für das tierische Spektakel dann doch zu viel, zumal es
auch keinen „Pilgerrabatt" gibt.

Heute habe ich das Gefühl, dass die vom MP ausge-
hende Unbeweglichkeit, die bereits erwähnte „Akinese", zunimmt. Ich kann dieses Gefühl nicht genauer spezifizieren, es
ist unbestimmt. Ich fühle mich auch nicht unmittelbar in meiner Beweglichkeit beeinträchtigt, sondern nur irgendwie anders als zuvor. Vielleicht habe ich die Symptome bislang bloß
nicht wahrgenommen oder nicht wahrhaben wollen. Ich kann
nicht sagen, ob sie wirklich dem MP oder nur einer Überanstrengung geschuldet sind. Das ist das Gemeine an Parkinson. Er macht sich unterschwellig und schleichend breit. De-
finitiv ist aber meine Schrift kleiner geworden. Das merke ich
an den Eintragungen in meinem Tagebuch, die ich mit dem
Adressverzeichnis vergleiche, das ich vor der Wanderung an
dessen Ende angelegt habe. Aber grübeln hilft nicht, es muss
weitergehen.

---

[19] Der mittelalterlichen Legende zufolge soll der Sohn einer deutschen Pilgerfamilie beim Aufenthalt in Santo Domingo de la Calzada fälschlicherweise des Diebstahls bezichtigt und gehängt worden sein. Als dessen Eltern auf dem Rückweg aus Santiago erneut
an dem Ort vorbeikommen seien, hätten sie ihren Sohn wundersa-
merweise lebend am Galgen vorgefunden, da Jakobus ihn die
ganze Zeit gestützt habe. Daraufhin seien sie zu dessen Richter
geeilt, der gerade beim Essen saß. Dieser habe ihnen erwidert,
dass der junge Mann doch bereits so tot sei wie die beiden Hühner
auf seinem Teller. Diese hätten sich sodann erhoben und seien da-
vongeflogen. Der Sohn sei hierauf begnadigt worden.

In Grañón eine Übernachtungsmöglichkeit zu finden ist schwierig, denn eine Reservierung war nirgends möglich. Ich versuche es bei einer privaten Unterkunft, die jedoch keinen besonders vertrauenerweckenden Eindruck macht und zudem geschlossen ist. Davor treffe ich Verena. Wir beratschlagen, was wir tun sollen. Uns bleibt nur die „Albergue parroquial", eine kirchliche Herberge, die in die „Iglesia Parroquial de San Juan Bautista" integriert ist. Sie wird von freiwilligen „Hospitaleros" geführt, die unter anderem aus Kanada und den Niederlanden stammen. Statt der üblichen Stockbetten gibt es hier lediglich ein Matratzenlager mit 10 bis 15 cm dicken Schlafmatten, die dicht an dicht beieinanderliegen, so dass insgesamt rund 40 Pilger Platz finden. Der absolute Gegensatz zur komfortablen „Albergue El Cántaro" in Navarrete mit ihren 4-Bett-Zimmern mit eigenem Bad! Ich suche mir eine dickere Matratze heraus und richte mich mit meinem Schlafsack und Gepäck darauf ein, so gut es eben geht. Die knappen sanitären Anlagen sind altertümlich, aber ich habe ja auch keinen Luxusurlaub gebucht. Vielmehr bin ich froh, für diese Nacht überhaupt irgendwo untergekommen zu sein.

Nachdem wir eingecheckt und uns „stadtfein" gemacht haben, gönnen Verena und ich uns in einem Straßencafé gegenüber der Kirche einen Erholungstrunk. Eine andere Pilgerin, die sich als Iris vorstellt, setzt sich zu uns an den Tisch und fragt mich ganz unverblümt, ob ich Parkinson hätte. Ich frage zurück, wie sie darauf komme. Sie erklärt, dass sie Altenpflegerin sei und daher häufiger mit MP zu tun habe. Deshalb erkenne sie das Krankheitsbild auch an meinem steifen Gang, den hängenden Armen und dem Schlurfen.

Es ist das erste Mal auf dem „Camino", dass ich auf den MP angesprochen werde. 2011 war Mitpilgern im schweizerischen Heitenried bereits meine Steifheit aufgefallen.

Damals kannte ich allerdings die Ursache noch nicht. Drei Jahre später, auf meiner Wanderung durch Frankreich, wurde ich in Lauzerte von einem Franzosen angesprochen, der selbst an MP erkrankt war und unter einem starken Tremor litt. Er hatte sich daher einen sogenannten „Lakhovsky-Multiwellen-Oszillator"[20] zugelegt, dessen elektromagnetische Strahlung die Symptome lindern sollte. Und auch auf dieser Reise würde ich noch öfters die Frage zu hören bekommen, ob mit mir alles in Ordnung sei.

Damit wissen meine Pilgerfreunde nun Bescheid über meinen Zustand und kennen mein Motiv für die Wanderung. Zwar sprechen wir in der Folgezeit nie darüber, doch mindert das in keiner Weise ihre Fürsorge um mich, die ich durchaus spüre und für die ich ihnen außerordentlich dankbar bin.

Auch in diesem Punkt hat mir der „Camino" die Augen geöffnet: Fürsorge oder Hilfe kann man auf vielfältige Weise erfahren. In meinem Fall reicht es von aufmunternden Worten bis hin zum Angebot eines Mitpilgers, meinen Rucksack zu tragen. Mal ist es eine stützende Hand, mal ein besorgtes „Are you ok?"[21] oder das Nachschauen meiner Pilgerfreunde, wo ich denn bleibe. Die Anlässe sind ungezählt. Ich begreife diese Fürsorge als ein Geschenk Gottes. Zugleich wird mir dadurch wieder bewusst, dass ich allein nichts ausrichten kann. Das Wort von Paulus an die Korinther kommt mir in den Sinn:

„Aber durch Gottes Gnade bin ich, was ich bin."[22]

---

[20] Der medizinische Nutzen dieses Gerätes ist höchst umstritten und wissenschaftlich nicht belegt.

[21] Englisch: „Geht es Dir gut?"

[22] 1. Korinther 15,10

Das wiederum verpflichtet mich zu Toleranz gegenüber meinen Mitmenschen, beziehungsweise dazu, deren Schwächen und Fehler zu akzeptieren.

Zum Abendessen geht es zurück in die Herberge, wo in einem über dem Schlafsaal gelegenen Aufenthaltsraum gemeinsam an langen Tischen gespeist wird. Zuvor werden alle Pilger zur Zubereitung des Essens eingeteilt. Ich soll Zwiebeln für den Salat schneiden, habe dafür aber nicht mehr genügend Kraft in den Händen. Deshalb mache ich es mir einfach und schneide die Scheiben relativ dick, bis meine Nachbarn protestieren und mir die Aufgabe abnehmen. Die Hauptspeise besteht aus Spaghetti mit Tomatensoße, dem Standardgericht moderner Pilger. Vor dem Essen darf jede Nation ein Tischgebet sprechen. Ich überlege krampfhaft, was ich sagen könnte, bin ich doch darin nicht so bewandert. Zum Glück geht der Kelch am Ende aber an mir vorüber. Es ist eine sehr lebhafte Runde und es herrscht ein babylonisches Sprachgewirr. Dabei lerne ich eine andere Gattung Pilger kennen: die Selbstversorger. Sie sind in der Regel vergleichsweise jung und begnügen sich mit einfachen Unterkünften, bei denen man sich selbst verköstigen muss und nur ein „Donativo", eine freiwillige Spende, erwartet wird. Umso besser ist die Stimmung.

Nach dem Essen und dem gemeinsamen Abwasch lädt der „Hospitalero" zu einer Meditation auf die Empore der nur von Kerzen erhellten Kirche ein. Anschließend spricht er ein Gebet und regt zu Fürbitten an. Einige Pilger bringen ihre Anliegen vor, und die „Gemeinde" antwortet jeweils mit „Herr, wir bitten Dich". Es ist sehr ergreifend und stimmungsvoll. Wie so oft bete ich still für meine Familie, einen guten Verlauf meiner Erkrankung und das glückliche Erreichen meines Pilgerziels Santiago.

Tag 12

Datum	03.05.2015	Wegstrecke	24 km
Zielort	Espinosa del Camino	**Ø-Tempo**	4,2 km/h
Herberge	La Campana de Pepe	**Gesamtzeit**	7 ¼ h

Die Nacht verläuft dank „Ohropax" relativ ruhig. Gegen 5 Uhr werde ich jedoch von zwei Spanierinnen geweckt, die sich lautstark unter dem offenen Fenster des Schlafsaals unterhalten. Obgleich es noch dunkel ist, bleiben weitere Einschlafversuche vergebens. Das Aufstehen gestaltet sich indes etwas mühsam, denn die Knochen sind steif von der dünnen Matratze. Nach der Morgentoilette packe ich meinen Rucksack und mache mich auf in Richtung Espinosa del Camino. Mein Frühstück werde ich mir einmal mehr irgendwo unterwegs besorgen.

Der Weg folgt der Nationalstraße N-120, die von Logroño bis zur galicischen Hafenstadt Vigo führt. Erfreulicherweise ist sie nicht sehr befahren. Eine hohe Tafel in Redecilla del Camino, kurz hinter der Grenze zur Autonomen Region Castilla y León, zeigt die Orte und Distanzen meiner weiteren Reise an. Demnach sind es ungefähr 300 km oder rund 14 Tage Fußmarsch bis zur Grenze zu Galicien und von dort noch einmal etwa 150 km bis Santiago. Angesichts dieser Zahlen wird mir ein bisschen schwindelig. Wie schon am Ortsausgang von Nájera an Tag 10, wo ich noch fast 600 km vor mir hatte, frage ich mich, wie ich das nur bewältigen soll. Mit denselben Worten wie damals spreche ich mir Mut zu: Du wirst es schaffen! Du hast die Schweiz gemeistert, Du hast Frankreich gemeistert. Warum sollte es diesmal nicht gelingen?

Die Feldwege auf meiner heutigen Etappe sind mit spitzen Steinen gespickt, die das Laufen erschweren. Dadurch bietet sich mir andererseits eine gute Gelegenheit, den achtsamen Umgang mit mir selbst zu trainieren. Ich konzentriere mich nur auf den Weg und passe genau auf, wohin ich meine Schritte setze, damit ich nicht stolpere oder gar stürze. „Multitasking" ist nicht! Trotzdem darf ich dabei mein Ziel nicht aus den Augen verlieren, sondern muss regelmäßig prüfen, ob die eingeschlagene Richtung noch stimmt.

In Viloria de Rioja ergeht es einer amerikanischen Pilgerin vor meinen Augen ähnlich wie mir 2012 in Montfaucon-en-Velay: Vor einer Bar, in der ich gerade einen Kaffee trinke, macht sie einen Schritt rückwärts, übersieht dabei einen Randstein und landet auf dem Rücken. Zu ihrem Glück kommt sie mit dem Schrecken davon, ihr Rucksack verhindert Schlimmeres. Ich helfe ihr wieder auf die Beine und erzähle ihr, was mir dereinst passiert ist. Das tröstet sie ein wenig.

Heute ist es bedeckt, ab und zu fallen auch ein paar Tropfen. Der starke Wind kommt wie üblich genau von vorn und verlangt mir zusätzliche Anstrengungen ab. In Belorado hoffe ich vergeblich auf einen Kaffee. Im Gegensatz zum Mittelalter, als der Ort eine Pilgerhochburg war, ist hier heute der Hund begraben. Von den ursprünglich acht Kirchen der Gemeinde sind noch drei übrig. Eine davon, die „Iglesia de Santa María", ist berühmt für ihre Figur der Jungfrau Maria. In Tosantos werfe ich aus der Ferne einen Blick auf die „Ermita de la Virgen de la Peña", eine Einsiedelei, die zum großen Teil in eine Felswand gegraben ist. Eine Besichtigung verkneife ich mir. Der Umweg ist mir zu groß und vermutlich ist sie um diese Zeit ohnehin verschlossen. Außerdem traue ich dem Wetter nicht, denn es sieht nach Regen aus und ich will möglichst trocken an meinem Ziel ankommen.

Nachdem ich gestern das Gefühl hatte, dass die Akinese zunimmt und der MP durch die Ansprache von Iris „offiziellen" Status bekam, fühle ich mich heute wieder so normal, als ob ich kerngesund wäre. Ich nehme mir vor, mir nicht allzu viele Gedanken zu machen – frei nach dem Motto: „Glücklich ist, wer vergisst, was doch nicht zu ändern ist." Was nicht heißen soll, dass ich den MP verdränge. Nein, er ist weiterhin präsent und steht unter meiner ständigen Beobachtung.

In der „Albergue La Campana de Pepe" in Espinosa del Camino werde ich bereits von Verena erwartet. Wir haben die Herberge mit zwei französischen Pilgern ganz für uns. Der ehemalige Bauernhof ist geprägt von dunklem Holz und strahlt rustikale Gemütlichkeit aus. Die Stiegen sind steil, ausgetreten und knarren. Auch das Bad erweckt einen eher „antiken" Eindruck. Beim Duschen beeile ich mich, damit ich fertig werde, bevor der Warmwasserspeicher leer ist und ich im Kalten stehe. Aber immerhin ist alles sauber und es gibt normale Betten.

Der „Hospitalero" Pepe mit seinen schlohweißen Haaren ist mindestens so alt wie seine Herberge und genauso urig. Zum Abendessen kredenzt er uns in seiner Küche eine leckere Paella mit frischen Meeresfrüchten. Ich wundere mich, woher er sie in dieser Gegend bekommt. Dazu gibt es einen guten lokalen Rotwein. Weil kaum einer der Sprache des anderen mächtig ist, findet die Unterhaltung mit „Händen und Füßen" statt und gestaltet sich recht lustig. Wie üblich dreht sich das Gespräch ums Pilgern, vor allem um das „Woher", „Wohin" und „Warum". Die Franzosen halten Verena und mich für ein Ehepaar, was ich daran erkenne, dass sie Verena die ganze Zeit mit „Madame" ansprechen – eine Anrede, die in Frankreich in der Regel für die Ehefrau verwandt wird. Wir stellen lachend klar, dass wir nur Pilgerfreunde sind, die sich auf dem Weg kennengelernt haben und wie alle hier dasselbe Ziel verfolgen: Santiago.

Nach dem Abendessen führt uns Pepe in sein „Heiligtum" und zeigt uns seinen „Schatz": eine Sammlung alter Uhren, Zinnfiguren und Fingerhüte. Alles ist perfekt restauriert und fein säuberlich in Vitrinen ausgestellt. Unter den Uhren finden sich einige seltene Exemplare wie eine linksdrehende oder eine Ein-Zeiger-Uhr. Solche Raritäten hätten wir hier nicht erwartet. Woher Pepe sie hat, bleibt allerdings sein Geheimnis.

Tag 13

Datum	04.05.2015	**Wegstrecke**	22 km
Zielort	Atapuerca	**Ø-Tempo**	4,3 km/h
Herberge	Albergue El Peregrino	**Gesamtzeit**	7 ½ h

Ich habe himmlisch geschlafen. Kein Wunder, wenn man zur Abwechslung mal ein großes, gut belüftetes Zimmer hat, in dem nur zwei Betten belegt sind und man sich nicht wie in einer Sardinenbüchse fühlt. Obwohl ich versuche, früh aus dem Schlafsack zu kommen und meinen Rucksack schnell zu packen, komme ich doch erst gegen 7 Uhr los. Es dauert bei mir einfach alles immer länger – auch ein Zeichen meiner Krankheit.

Der Himmel ist grau und sieht nach Regen aus. Von Espinosa führt der Weg an den Resten des Klosters „San Felices" vorbei nach Villafranca Montes de Oca am Fuße der Oca-Berge. Diese waren im Mittelalter gefürchtet wegen ihrer

Wölfe und Räuber[23], weshalb sich Pilger in dem Dörflein sammelten, um gemeinsam den Marsch durch die Berge anzutreten und sich dabei gegenseitig zu beschützen.

Die Muschel weist auch hier den Weg

Auf der Suche nach dem Eingang umkreise ich die wehrhafte „Iglesia de Santiago el Mayor". Sie bleibt mir verschlossen. Gern hätte ich auch hier eine Kerze angezündet, allerdings weniger um für Schutz vor Wölfen und Räubern als vielmehr den Erhalt meiner Gesundheit zu bitten.

Am Ortsausgang steigt der schmale, verwachsene Weg steil an; ich muss richtig klettern. Nach gut einem Kilometer komme ich zu einer Schutzhütte, von wo aus ich den weiten Ausblick über die Berge genieße. Die Natur ist hier oben in ihrer jahreszeitlichen Entwicklung deutlich zurück, die mit Flechten bewachsenen Bäume sind noch kahl. Am Wegesrand entfalten sich große Primeln in allen Farben. Lila

---

[23] Noch heute verwendet so mancher Spanier, der sich von jemand anderem übervorteilt fühlt, das Sprichwort: „Si quieres robar, vete a Montes de Oca!" – „Wenn Du rauben willst, geh' in die Oca-Berge!"

blühender Ginster macht sich breit, ich entdecke sogar ein paar wilde Orchideen.

Mitten in den Bergen stoße ich auf ein Denkmal, das an rund 300 republikanische Widerstandskämpfer erinnert, die dort 1936, zu Beginn des spanischen Bürgerkrieges, von General Francos Schergen exekutiert wurden. Ein kalter Westwind pfeift mir entgegen, aber immerhin bieten die umliegenden Bäume ein wenig Schutz. Ein paar Hundert Meter weiter fällt der gut ausgebaute Weg plötzlich steil ab in ein Tal, an dessen Grund eine schmale Holzbrücke über einen kleinen Fluss führt. Körperlich meistere ich die Berge trotz des starken Gegenwinds bislang recht gut. So allmählich habe ich mich anscheinend eingelaufen.

Am späten Vormittag erreiche ich das in den westlichen Ausläufern der Oca-Berge gelegene Kloster „San Juan de Ortega". Der Brückenbaumeister und spätere Heilige Juan de Ortega, der in Spanien als Schutzpatron der Bauleiter verehrt wird, ließ es im frühen 12. Jahrhundert zum Schutz durchreisender Pilger errichten. Auch wenn es heute nicht mehr von Mönchen bewohnt wird, bietet es nach wie vor Pilgern eine Übernachtungsmöglichkeit. In dem weiten, lichten Hauptschiff der Klosterkirche betrachte ich ehrfurchtsvoll den fein ziselierten romanischen Steinsarkophag des Klostergründers und die kunstvollen Kapitelle, die den Weihnachtszyklus darstellen. Zu den Füßen einer Statue des Heiligen Domingo de la Calzada, dem Lehrmeister Juans und großen Förderer des „Camino", erinnern ein weißer steinerner Hahn und eine ebensolche Henne an das „Hühnerwunder" in der nach ihm benannten Stadt.

In einer Bar hinter dem Kloster begegnet mir eine Holländerin wieder, die ich zu Beginn meiner Reise in Orisson kennengelernt hatte. Wir begrüßen uns herzlich wie alte Freunde und tauschen uns ausführlich über unsere Erlebnisse aus. Sie erzählt mir von den starken Schmerzen in ihrem linken Knie, die sie aber nicht davon abhielten, tapfer weiterzugehen. Obendrein überlässt sie mir die Hälfte ihres „Bocadillo", das so groß ist, dass selbst zwei hungrige Pilger leicht davon satt werden.

Nach der angenehmen Rast treibt es mich weiter. Wir verabschieden uns mit einem „Buen Camino" und ich frage mich, ob ich sie je wiedersehen werde. Vor der Bar bläst mir erneut ein kalter Wind ins Gesicht. Wie gut, dass es bis zum nächsten schützenden Wald nicht weit ist. An einer Weggabelung stellt sich die Frage: rechts oder links? Mein stundenlanger Irrmarsch auf der „Via Gebennensis" kommt mir wieder in den Sinn. Da aus meiner Sicht die Routenführung an dieser Stelle nicht eindeutig ist, befrage ich mein GPS. Das Gerät ist eigentlich nicht für den Einsatz im freien Gelände, sondern für den Straßenverkehr gedacht. Entsprechend zeigt es keine Feldwege oder Höhenlinien an. Zudem habe ich die Darstellung auf „grob" gestellt, um Strom zu sparen. Dadurch ist die Anzeige weniger genau und erlaubt nur eine ungefähre Orientierung. Wenn auf dem Display der Pfeil, der meine aktuelle Position anzeigt, mit der Route, wo ich hinwill, sowie dem „Track", also der Linie, die angibt, wo ich herkomme, übereinstimmt, weiß ich, dass ich auf dem richtigen Kurs bin. Das Gerät empfiehlt mir, den rechten Weg einzuschlagen. Ich entscheide mich, dem Vorschlag zu folgen, obwohl mein Bauchgefühl Unsicherheit signalisiert. Das verstärkt sich noch, als ich beim Weiterlaufen keine Pfeile mehr sehe. Wieder und wieder spiele ich meine Entscheidung durch. Habe ich doch etwas übersehen, habe ich vielleicht die Pfeile falsch gedeutet? Obwohl ich fest davon überzeugt bin, alles richtig bedacht zu haben, will die Verunsicherung nicht weichen. Ich schicke ein kleines Stoßgebet gen Himmel: „Herr, lass mich voranschreiten im Vertrauen auf Dich, dass Du mir den rechten Weg weist." Und als seien meine Worte erhört worden, kommt mir nach einem Kilometer ein Mann mit Hund entgegen, der mir bestätigt, dass ich auf dem richtigen Weg bin. Mir fällt ein großer Stein vom Herzen und ich danke Gott.

Innerlich gestärkt laufe ich weiter. Da meine Aufmerksamkeit zuletzt nur dem Weg galt, bemerke ich erst jetzt die dunklen Wolken über mir, die nichts Gutes verheißen. Schon bald darauf beginnt es zuerst zu nieseln, dann zu regnen. Mit meinem sturmfesten Schirm und meiner wasserdichten, aber dennoch atmungsaktiven Bekleidung fühle ich mich jedoch bestens gerüstet. Auch als sich hinter Agés ein schwerer Schauer über mich ergießt, bleibe ich trocken. Mein Regenschutzkonzept hat sich wieder einmal bewährt.

Wie schon am Vortag nehme ich den MP heute kaum wahr. Es wäre schön, wenn es bis zum Ende meiner Pilgerreise so bliebe…

Am frühen Nachmittag erreiche ich Atapuerca. Der Ort ist international bekannt für seine archäologischen Funde. So wurden hier etwa menschliche Fossilien entdeckt, die mehr als eine Millionen Jahre alt sein sollen. Bei meiner Ankunft sind die Grabungsstätten, die seit dem Jahr 2000 auch zum UNESCO-Weltkulturerbe gehören, leider schon geschlossen.

In der „Albergue El Peregrino" werde ich dafür wie verabredet von Verena empfangen, die bereits für mich eingecheckt und ein Bett belegt hat. Eigentlich darf jeder Pilger nur ein Bett blockieren. Das allgemein anerkannte Zeichen dafür ist ein ausgelegter Schlafsack. Da aber Verenas Schlafsack über ein zusätzliches Inlett verfügt, kann sie dieses für mein Bett verwenden. Im Gegensatz zu Kleidungsstücken wird auch das akzeptiert. Mir bedeutet diese kleine Gefälligkeit viel, habe ich dadurch doch das beruhigende Gefühl, dass abends ein Schlafplatz auf mich wartet und ich mich nicht zu hetzen brauche.

Als ich vom Nachtessen in die Herberge zurückkehre, hat sich dort in der Küche eine junge Pilgergruppe gemütlich gemacht. Man singt und unterhält sich ebenso fröhlich wie lautstark. Ich ergreife die Flucht, denn das ist nichts für meine empfindlichen Ohren. Im Schlafraum höre ich den Lärm glücklicherweise nur sehr gedämpft, so dass ich einigermaßen ungestört schlafen kann.

Die Welterbestätten von Atapuerca

Tag 14

Datum	05.05.2015	Wegstrecke	21 km
Zielort	Burgos	Ø-Tempo	4,4 km/h
Herberge	Albergue Casa de los Cubos	Gesamtzeit	5 ½ h

Bevor ich Atapuerca kurz nach 6 Uhr im Dunkeln verlasse, genehmige ich mir noch ein Frühstück in der „Panadería Las Cuevas". Die Bäckerei ist bekannt für ihren ofenfrischen Blätterteig und das beste Plundergebäck auf dem ganzen „Camino". Entsprechend stehen vor mir auch schon zahlreiche hungrige Pilger Schlange. Als ich an die Reihe komme, erschwert mir die große Auswahl an Leckereien die Entscheidung. Ich greife letztlich zu zwei duftenden, mit Konfitüre gefüllten Teigtaschen. Dazu gibt es eine Tasse Kaffee. Am liebsten würde ich den ganzen Vormittag hier verbringen, um all die verführerischen Backwaren zu kosten, doch ich muss weiter. Die Provinzhauptstadt Burgos ruft.

Ein beschwerlicher, steiniger Pfad führt mich in die Sierra de Atapuerca auf das Hochplateau Matagrande. Dort oben, auf rund 1.080 m Höhe, weht ein starker, unangenehm kalter Wind, gegen den das niedere Buschwerk entlang des Weges kaum Schutz bietet. Aber immerhin regnet es nicht und der Ausblick auf das sonnenbeschienene Burgos entschädigt für die Mühen des Aufstiegs.

Als es wieder bergab geht, komme ich richtig in Schwung. Ein „Flow"-Gefühl macht sich breit; ich bin regelrecht euphorisch. Mein GPS-Gerät zeigt eine Laufgeschwindigkeit von 5 km/h an. Üblich sind für mich sonst eher 4 km/h. Ich überhole sogar einige Pilger, normalerweise ist es umgekehrt. Vorsichtshalber drossele ich mein Tempo, denn im „Flow" besteht die Gefahr, dass ich mich überschätze und am Ende womöglich stürze und dabei verletze.

Beschwerlicher Aufstieg auf die Matagrande-Hochebene

Ein Wermutstropfen dämpft allerdings das Hochgefühl: Mein „Imperativer Harndrang" piesackt mich so sehr, dass ich alle halbe Stunde im Gebüsch verschwinden muss. Aber zum Glück habe ich für solche Fälle Tabletten dabei. Nachdem ich eine davon genommen habe, lässt der Harndrang nach.

In den letzten Tagen hat mich der MP immer wieder daran erinnert, dass ich ihn keinesfalls unterschätzen oder gar ignorieren sollte. Ich darf nicht vergessen, dass ich krank bin! Von daher wäre ich gut beraten, mehr Rücksicht auf meinen Körper zu nehmen und ihn nicht zu überfordern.

Am Stadtrand von Burgos führt mich der „Camino" über 4 km unmittelbar am Zaun des Flughafens entlang; ein sehr trister Abschnitt. Eigentlich will ich von dort mit dem Bus zu meiner Herberge in der Innenstadt fahren, denn der Weg durch endlose Industrie- und Wohngebiete erscheint mir alles andere als reizvoll. Doch leider verpasse ich die Busstation und habe daher keine andere Wahl, als zu laufen.

Die Umstellung vom stillen Land auf die große, laute Stadt mit ihrem Verkehr und den vielen Menschen könnte größer nicht sein. Ich komme mir deplatziert vor. Mühsam schiebe ich mich durch die hastende Menschenmenge. Da mir mein altes GPS in den engen Häuserschluchten nicht weiterhilft, weil der Empfänger zu schwach ist, orientiere ich mich an den Türmen der Kathedrale. Die städtische Pilgerherberge „Casa de los Cubos" liegt nur wenige Meter von ihr entfernt. Nach zweimaligem Nachfragen finde ich sie schließlich. Hinter der gotischen Fassade verbirgt sich ein moderner mehrstöckiger Bau. Die großen Schlafsäle sind wie in Roncesvalles oder Azofra mittels Trennwände in Abteile mit je acht Betten unterteilt. Das gewährleistet zumindest ein bisschen Privatsphäre. Im Gegensatz zu meiner letzten Unterkunft in Atapuerca spielt hier die Geschlechtertrennung keine Rolle. Die Betten hinter meinem sind beispielsweise von japanischen Pilgerinnen belegt.

Die hochgotische „Catedral de Santa María", die erste ihrer Art auf der Iberischen Halbinsel, beeindruckt mich durch ihre gewaltige Westfront mit den beiden mächtigen Türmen sowie den filigranen Zinnen, Filialen und Kapitellen. Sie ist das unbestrittene Wahrzeichen der Stadt und schon seit 1984 Teil des UNESCO-Weltkulturerbes. An ihrer Errichtung und Erweiterung wirkten unter anderem der deutsche Baumeister Johannes von Köln und dessen Sohn Simon maßgeblich mit. Die danebenliegende „Plaza Rey San Fernando" verschafft der Kathedrale Raum und unterstreicht damit ihre Erhabenheit. Im Vergleich mit ihr wirken die fünfstöckigen Häuser rund um die „Plaza" geradezu klein und bescheiden.

Die Kathedrale „Santa María" in Burgos

Das prunkvolle Gotteshaus bildet einen starken Kontrast zu den rustikalen Dorfkirchen, an denen ich bislang vorbeigekommen bin und soll offensichtlich den Reichtum, die Bedeutung und Überlegenheit der Stadt gegenüber dem Land zum Ausdruck bringen. Auch innen strotzt der Bau vor überwältigender Pracht. Ein kunstvoll geschmiedetes Gitter trennt den mit geschnitzten Motiven aus der Bibel verzierten Binnenchor, der einst den Domherren für Gebet und Gesang vorbehalten war, vom Rest des Kirchenschiffes und dokumentiert damit die klare Hierarchie innerhalb der Gemeinde: vorne der mächtige Klerus mit seinem eingebildeten direkten Zugang zu Gott, hinten das „gemeine Fußvolk".

Die Kuppel über der Vierung ist ein bautechnisches Meisterwerk, zumal sich ihre Erbauer bei der Planung und Ausführung nur auf ihre praktische Erfahrung verlassen konnten. Der ursprünglich klar gegliederte Grundriss der Kathedrale verwirrt mich dagegen ein wenig. Schuld sind die vielen Erweiterungen, die im Laufe der Jahrhunderte vorgenommen wurden, wie etwa der Anbau mehrerer Kapellen und eines Kreuzganges.

Im Anschluss besuche ich auch noch die benachbarte „Iglesia de San Nicolás de Bari" mit ihrem imposanten Altarbild aus Kalkstein, das mehr als 300 heilige Persönlichkeiten zeigt und zu den größten des Landes zählt. Danach ist erst einmal Zeit für einen ausgiebigen Rundgang durch die Altstadt mit ihren Boulevards, engen Gassen und weitläufigen Plätzen, bevor es an der trutzigen „Iglesia de San Gil Abad" vorbei auf den Festungshügel geht. Von dort oben habe ich freie Sicht auf die Stadt und insbesondere auf die Kathedrale, deren Grundriss und Ausmaße ich aus dieser Perspektive erst so richtig erfasse. Der Rundweg um die Burgruine eröffnet mir zum Abschluss bei strahlendem Sonnenschein und angenehm frühlingshaften Temperaturen noch einige herrliche Ausblicke in alle Himmelsrichtungen.

Am Abend lasse ich mir mit Maria und Tobias, die ich hier wiedergetroffen habe, in einer urigen Bar bei einem Glas Rioja leckere, kunstvoll drapierte Tapas schmecken. Dabei beobachten wir von unserem Platz im offenen Eingangsbereich das Treiben der Einheimischen auf der Gasse. Im Laufe des Abends füllt sich das Lokal mit einer spanischen Gesellschaft. Mit zunehmender Besucherzahl steigt auch der Lärmpegel immens, so dass uns am Ende fast die Trommelfelle platzen.

Tag 15

Datum	06.05.2015	Wegstrecke	30 km
Zielort	San Bol	Ø-Tempo	4,9 km/h
Herberge	Albergue San Bol	Gesamtzeit	7 ½ h

Meine Euphorie des Vortages schlägt sich gleich in der Länge meiner heutigen Etappe nieder: Rund 30 km habe ich mir vorgenommen! Der Weg aus Burgos hinaus Richtung Westen führt mich durch offenes, flaches Brachland. An der „Autovía del Camino" stoße ich auf eine riesige Baustelle, deren Überquerung sich angesichts des regen Verkehrs an Lastwagen und Baufahrzeugen als nicht ganz ungefährlich erweist.

Am Ortseingang von Tardajos empfängt mich ein steinernes Pilgerkreuz, wie es mir in ähnlicher Form auch schon auf der „Via Gebennensis" begegnet ist: Es thront auf einer hohen, glatten Säule, die auf einem soliden quadratischen Fundament ruht. Stiel und Arme des Kreuzes sind rund und weisen am Ende und zur Mitte hin kugelförmige Verdickungen auf, die an steinerne Wollknäuel erinnern. Außerdem ist es mit zahlreichen Ornamenten überzogen, die sonst üblichen Figuren fehlen hingegen. Ich frage mich, wer es erschaffen haben mag und was denjenigen zu der ungewöhnlichen Formgebung bewogen haben könnte. Die Fragen bleiben unbeantwortet, der Reiseführer schweigt hierzu.

Meine Gedanken kreisen unterdessen mal wieder um den Umgang mit dem MP. Die Vorstellung, dass ich mein Heil im Glauben suche und dabei auf die – im übertragenen Sinne – „gelben Pfeile" vertraue, stimmt mich optimistisch. Daran kann ich mich halten. Das gibt mir Kraft und Zuversicht, die Herausforderungen des Weges zu meistern. Körperlich spüre ich heute keine Beeinträchtigungen. Die Füße tun brav ihren Dienst, genauso wie der Rest meines Körpers. Auch der Harndrang ist heute nicht so lästig wie gestern. Ich bin rundum zufrieden.

Pilgerkreuz in Tardajos

In Hornillos del Camino treffe ich Verena wieder. Wir beschließen, in der Herberge „San Bol" zu nächtigen, die sich etwa auf halber Strecke nach Hontanas befindet. Telefonisch reserviere ich für uns zwei Betten, was sich als sinnvoll erweist, denn die kleine Herberge, die nur einem Dutzend Gästen Platz bietet, ist an diesem Tag voll belegt und weit und breit gibt es keine Alternative.

Unterwegs kommen wir an Steinhaufen vorbei, die von Pilgern errichtet wurden. Auf einem steht ein mehrere Meter hohes Pilgerkreuz, dessen Stiel einem Schwert ähnelt. Im Gegensatz zum hier allgegenwärtigen Jakobskreuz sind die Enden der Arme nicht als Lilien, sondern als Pfeilspitzen ausgeprägt. Wir rätseln, wie alt das Kreuz sein könnte und wer es errichtet haben mag.

Bald danach steigen wir in ein weit geschwungenes Tal hinab, wo im Schutze eines kleinen Hains idyllisch die „Albergue San Bol" liegt. Das Dorf, dem sie ihren Namen verdankt, wurde vor 500 Jahren aufgegeben – warum, ist nicht bekannt. Schon von weitem weht uns der Duft von gebratenen Hähnchen entgegen und beflügelt unsere Schritte.

In der Herberge treffen wir auf zwei Amerikanerinnen, ein holländisches Paar, das wir bereits aus Orisson kennen, sowie einige Deutsche, darunter Elke und Paul aus Heidelberg, die uns im weiteren Verlauf der Reise noch öfters begegnen werden. Einer der Gäste stammt aus Berlin und hat den Weg in Burgos begonnen. Er textet uns lautstark mit seinen Erfolgserlebnissen und Erleuchtungen zu, die er auf dem kurzen Stück schon gesammelt hat. Das nervt mich. Ich halte Abstand und entspanne in der Abendsonne.

Eine architektonische Besonderheit der Herberge ist die Kuppel über dem Aufenthaltsraum. Mit den silbrig leuchtenden Sternen auf der königsblau gestrichenen Decke erinnert sie mich an den „Sternenhimmel" der Pfarrkirche von Pommier-de-Beaurepaire an der „Via Gebennensis". Zusammen mit dem schmiedeeisernen Kronleuchter, der den Raum in ein gedämpftes Licht taucht, schafft sie eine sakrale Atmosphäre. Auch der große, runde Esstisch aus dunklem Eichenholz, an dem alle Gäste Platz finden, hat Seltenheitswert, speist man in den meisten Pilgerherbergen doch für gewöhnlich an langen, rechteckigen Tafeln. Beeindruckt von der feierlichen Stimmung, die das Ensemble verbreitet, lassen wir uns zum Abendessen die schon bei unserer Ankunft zu riechende Paella mit Huhn schmecken.

Eine Oase im Nirgendwo – die Herberge „San Bol"

Tag 16

Datum	07.05.2015	**Wegstrecke**	26 km
Zielort	Itero de la Vega	**Ø-Tempo**	4,4 km/h
Herberge	Hostal Puente Fitero	**Gesamtzeit**	7 ¾ h

Wieder laufe ich im Dunkeln los. Dafür werde ich wenig später mit einem wunderschönen Sonnenaufgang belohnt, wobei sich die Sonne zunächst langsam und dunkelrot aus wabernden Nebelschwaden erhebt, bevor sie sich allmählich gelb verfärbt, um schließlich in grellem Weiß über der schier endlos wirkenden Landschaft zu erstrahlen. Zunehmend spüre ich ihre wohltuende Wärme im Rücken, während ich durch ein weites grünes Tal zum ehemaligen „Convento de San Antón" wandere und dabei das Zwiegespräch mit Gott suche.

Kuriose Trassenführung: Bei Castrojeriz verläuft die Straße mitten durch die Ruine des Klosters „San Antón"

Am Ortseingang von Castrojeriz entdecke ich ein Wegkreuz, das offensichtlich jüngeren Datums ist. Es ruht auf einem mächtigen quadratischen Sockel. Auch Stiel und Arme sind rechteckig. Der Gekreuzigte ist arg ramponiert, sein Kopf ist abgeschlagen. Zu seinen Füßen hockt eine Gestalt, die eher einem Steinhaufen ähnelt und die ich als Maria interpretiere. An der „Iglesia de Santo Domingo", die mittlerweile als Jakobsweg-Museum dient, erinnern steinerne Totenköpfe an der Fassade die Vorbeiziehenden an ihre Vergänglichkeit.

Am Ende des lang gezogenen Dorfes, das sich unterhalb einer mittelalterlichen Burgruine an der Südflanke eines Tafelberges erstreckt, durchquere ich das grüne Tal des Río Odra. Dahinter geht es im mittlerweile prallen Sonnenschein steil bergan auf das 900 m hohe Plateau Alto de Mostelares. Ein Verkehrsschild zeigt eine Steigung von 10 % an. Schwitzend und ausgelaugt erreiche ich die Anhöhe, wo ein frischer Wind mich wieder abkühlt. Der Panoramablick über die grandiose Landschaft entschädigt für die Mühen des Aufstiegs.

Geschafft – Blick zurück auf Castrojeriz

Erneut übe ich mich in einer Gehmeditation. Von den Gedankenwolken, die mir dabei durch den Kopf segeln, bleiben mir zwei nachhaltig in Erinnerung:

Die eine befasst sich mit den Auswirkungen des MP auf meine Familie. Während für mich die Krankheit ein ständiger Begleiter und selbstverständlicher Teil meiner Person ist, erlebt diese sie als unberechenbaren und daher unheimlichen Dämon, der zunehmend Besitz von mir ergreift, mein Wesen verändert und mich von mir selbst und ihr entfremdet. Immer wieder überrascht er sie mit unerwarteten, verunsichernden Verhaltensänderungen meinerseits, wie etwa dem Schlurfen oder dem ständigen Harndrang. Meine Frau und ich reden vorbehaltlos darüber, auch wenn es für sie nicht einfach ist. Meine beiden Söhne tun sich hingegen schwerer damit. Sie haben ihren Vater immer stark erlebt und müssen nun mit ansehen, wie er zunehmend schwächer und kränker wird. Andererseits muss auch ich damit fertig werden, dass mir die Krankheit Stück für Stück die Kontrolle über meinen Körper entzieht. Sie ist wie ein Menetekel, das mir meine Endlichkeit aufzeigt. Wir als Familie müssen lernen, gemeinsam damit umzugehen. Das braucht seine Zeit. Auch wenn meine sachlich-distanzierte Art mir bei der Problembewältigung helfen mag, kann ich das nicht 1:1 auf meine Familie übertragen. Ich will daher versuchen, mehr Rücksicht auf sie zu nehmen und stärker auf ihre Gefühle zu achten. Der Jakobsweg gibt mir ausreichend Gelegenheit, darüber nachzudenken und alles zu verarbeiten, wobei die Akzeptanz der Realität der erste, unabdingbare, aber auch schwierigste Schritt auf dem Weg zur Veränderung ist.

Die zweite Überlegung, mit der ich mich im Rahmen der Gehmeditation beschäftige, dreht sich um mein Verhältnis zu Gott und wie es mir gelingen kann, eine Verbindung zu ihm aufzubauen. Für mich spielt das Pilgern hierbei eine wichtige Rolle, denn Pilgern heißt für mich, den richtigen Weg zu finden – was sowohl für den Jakobs- als auch für meinen Lebensweg gilt. Doch welcher ist der „richtige"? Gott hat den Menschen ein Versprechen gegeben: Wenn Du merkst, dass Du in eine Sackgasse geraten bist, Dich umorientierst und zu mir zurückfindest, werde ich Dich in meine Obhut nehmen. Das zeigt sich insbesondere im Gleichnis vom verlorenen

Sohn[24]. Darin steckt die großartige Verheißung, dass ich Gottes Fürsorge gewiss sein darf. Doch wie finde ich zu ihm zurück? Ich bete, dass er mir den entsprechenden Weg aufzeigt und mir die Kraft gibt, ihn zu gehen. Zuversicht ziehe ich hierbei aus den schon erwähnten Worten Jesu bei der Aussendung seiner Jünger:

„Und siehe, ich bin bei euch alle Tage
bis an der Welt Ende."[25]

Bevor ich mich wieder auf den realen Weg unter meinen Füßen konzentriere, danke ich dem Herrn, dass er mich schon so lange begleitet und stützt und erbitte dies auch für die vor mir liegende Strecke.

Kurz vor der Überquerung des Río Pisuerga bietet die ehemalige Kapelle „San Nicolás de Puente Fitero" eine einfache, aber dafür umso romantischere Übernachtungsmöglichkeit. Statt Strom und fließend Wasser gibt es abendliche Beleuchtung durch Kerzenschein. Für mittelalterliche Pilger wäre dies ein übliches Quartier gewesen, ich bevorzuge aber etwas mehr Komfort.

Auf der anderen Uferseite werde ich von einer großen Hinweistafel empfangen, wie sie mir in ähnlicher Form auch schon in Redecilla del Camino begegnet ist. Sie zeigt den Verlauf des Jakobsweges durch die hier beginnende Provinz Palencia. Ich erkenne, dass noch rund 250 anstrengende Kilometer bis zur Grenze von Galicien vor mir liegen. Bis Santiago sind es sogar 400 km, also etwa die Hälfte der gesamten Strecke! Mich schaudert es. Andererseits habe ich noch 20 Tage Zeit, was bedeutet, dass ich im Mittel etwa 20 km

---

[24] Siehe Lukas 15,11-32
[25] Matthäus 28,20

pro Tag zurücklegen muss. Eingelaufen wie ich bin, traue ich mir das zu. Wie schon bei den vorangegangenen Entfernungsangaben lasse ich mich von den großen Zahlen nicht irritieren, sondern konzentriere mich auf die Gegenwart und setze einfach weiter einen Fuß vor den nächsten.

In Itero de la Vega beziehe ich im „Hostal Puente Fitero" Quartier, einer Mischung aus Hotel und Pilgerherberge mit normalen Betten und richtig viel Platz. Gut zu essen gibt es obendrein – was will ich mehr?

Tag 17

Datum	08.05.2015	Wegstrecke	29 km
Zielort	Villalcázar de Sirga	Ø-Tempo	4,4 km/h
Herberge	Albergue Tasca Don Camino	Gesamtzeit	7 h

Mit 29 km habe ich mir heute erneut eine überdurchschnittlich lange Distanz vorgenommen. Die Landschaft lässt das zu, sie ist weitgehend flach. Auch wenn meine Kräfte spürbar nachlassen, bin ich zuversichtlich, die Strecke zu meistern.

Die Dörfer, die ich an diesem Tag passiere, ähneln einander sehr: alte Häuser mit grauem, verwittertem Mauerwerk und kleinen vergitterten Fenster, die sich um eine mächtige Kirche im Zentrum formieren, die eher einer Festung gleicht. Außer Pilgern sind kaum Menschen auf den Straßen zu sehen. Alles wirkt verlassen und abweisend, besonders bei einem so grauen Himmel wie heute. Ein wenig Abwechslung bietet da der Platz vor der „Iglesia de Santa María de la Asunción" in Boadilla del Camino, in dessen Mitte, auf einem abgestuften runden Sockel, eine reich verzierte spätgotische

Gerichtssäule aus dem 15. Jahrhundert steht. An ihr wurden früher unter anderem Gefangene angekettet, um sie öffentlich bloßzustellen, bevor man sie ihrem Richter zuführte.

Wieder auf freiem Feld brüte ich zum x-ten Mal, welchen Sinn das Pilgern in Bezug auf meine Krankheit macht. Immerhin ist es anstrengend, voller Strapazen, teilweise eine regelrechte Quälerei. Aus medizinischer Sicht hätte ich meine Reise gar nicht erst antreten dürfen, soll ich doch mit meinen Körperkräften schonend umgehen. Wieso tue ich mir das alles dennoch an? Warum pilgern Menschen seit dem Mittelalter überhaupt nach Santiago? Viele hoffen auf Erlösung von Leid und Sünden, andere wiederum wollen zu sich selbst und zu Gott finden. Manche Pilger nehmen den Weg auch auf sich, um Gott für ihre Genesung von schwerer Krankheit zu danken, die ihnen wider alle Erwartungen zuteilgeworden ist. Ich traf mal eine Pilgerin, die kurz hintereinander ihre Eltern und ihre Schwester verloren und selbst eine schwere Krebserkrankung überstanden hatte. Aus Dankbarkeit darüber, noch am Leben zu sein, und im Gedenken an ihre Familie ging sie jedes Jahr ein Stück des Jakobsweges, den sie ursprünglich gemeinsam mit ihrer verstorbenen Schwester beschreiten wollte. Mich treibt dagegen die Hoffnung auf Heilung von meiner Parkinson-Erkrankung. Ich will eine Möglichkeit finden, wie ich sie überwinden kann, zumindest mental. Ich spüre, dass ich bis dahin noch einen langen Weg vor mir habe – oder wie ein alter Pilgerspruch besagt: „Es ist weit bis Santiago, und dort fängt das Pilgern erst an.“

Wer auf dem „Camino" unterwegs ist, beschäftigt sich vor allem mit drei Dingen: Laufen, Essen und Schlafen. Man konzentriert sich auf das Lebensnotwendige, um Kopf und Körper frei zu bekommen für das, was wirklich zählt: die Suche nach Gott. Sie wirft mich aus den eingefahrenen Gleisen meines bisherigen Daseins und eröffnet mir neue Perspektiven und Horizonte. Bedingt durch den MP suche ich nach einem neuen Lebensentwurf, einem Leben, das vom Glauben an Gott getragen wird. Ich kann und will nicht weitermachen wie bisher, sondern mich mit Hilfe des Glaubens meiner Erkrankung stellen.

Der Weg zeigt mir: So wie ich mich auf die gelben Pfeile verlassen kann, darf ich auch auf Gottes Hilfe vertrauen. Dazu muss ich meine Skepsis und Rationalität überwinden und mich der Kraft des Glaubens an Gottes Gnade, seine Macht und seinen Frieden öffnen.

Doch der Weg gibt nicht nur, er nimmt auch. Meine Kraft in den Oberschenkeln und den Fußhebermuskeln sowie allgemein im ganzen Körper schwindet zusehends. Ich schlurfe vermehrt und werde im Tagesverlauf immer langsamer – ein deutliches Zeichen dafür, dass ich an die Grenzen meiner Leistungsfähigkeit stoße. Infolge des Dopamin-Mangels wird auch meine Schrift kleiner, so dass sie nur noch schwer zu entziffern ist. Lange Zeit habe ich all diese Veränderungen kaum wahrgenommen, nun muss ich plötzlich feststellen, dass früher alles besser ging. Der zwischenzeitliche „Flow" weicht allmählich einer „Durststrecke".

In Frómista besichtige ich die hochromanische „Iglesia de San Martín de Tours". Ihre Besonderheit ist der achteckige Vierungsturm mit dem darunterliegenden Gewölbe, das so aussieht, als würden die Steine nicht von Mörtel, sondern allein von der Schwerkraft zusammengehalten. Fast noch mehr beeindruckt mich aber der Gekreuzigte. Er strahlt alles Leid und Schmerz dieser Welt aus. Der Kopf ist nach unten gesunken, die Rippen stechen hervor, ein armseliges, dreckiges, blutverschmiertes Lendentuch bedeckt kaum seine Blöße. Welch trauriger, mitleidserregender Anblick…

Das Kruzifix stammt aus dem 13. Jahrhundert

Im krassen Widerspruch dazu stehen die beiden Figuren an seiner Seite. Sie zeigen Jakobus, wie er uns vertraut ist, mit Pilgerstab, Kalebasse, Hut und Muschel am Mantelrevers, sowie den Heiligen Martin, den Namenspatron der Kirche. Letzterer trägt einen mit reichem Faltenwurf versehenen roten Umhang und eine grün-rote Mitra. Sein Gesicht wirkt wohlgenährt, seine Haare gut frisiert. Sein Blick hat etwas Naives, Kindliches an sich und erscheint fast ein wenig arrogant. Die rechte Hand ist zum Segen erhoben, während er sich mit der linken auf einen Stab stützt.

Von den drei Figuren abgesehen, ist die Kirche eher schmucklos und kahl. Außer den aufwendigen Ornamenten an den zahlreichen Kapitellen gibt es nur wenig, dass die Besucher in ihrer Andacht ablenken könnte.

Auf einem parallel zur Landstraße verlaufenden Schotterpfad führt mich der Weg über 14 endlos erscheinende Kilometer weiter bis nach Villalcázar de Sirga, meinem heutigen Ziel, wo ich mit meinen Pilgerfreunden Verena, Maria und Tobias verabredet bin. Es herrscht noch Mittagsruhe, als wir in einer Herberge neben der „Iglesia de Santa María la Blanca" um eine Übernachtung nachsuchen. Die der Sprache nach aus Deutschland stammende „Hospitalera" bedeutet uns mit ihrem unvergleichlichen Charme, doch bitte in zwei Stunden wiederzukommen. Jetzt sei „Siesta" und daher geschlossen. So lang möchten wir aber nicht warten, wir wollen uns pflegen und erholen. Bei der „Albergue Tasca Don Camino" haben wir mehr Glück. Sie hat zudem einen schönen Garten, in dem wir uns unter flatternder Wäsche entspannen können. Im angeschlossenen Restaurant speisen wir am Abend ebenso gut wie reichlich.

Mein Resümee der 2. Phase

Körper und Geist haben sich mittlerweile auf das Pilgern eingestellt. Zeitweilig fühlte ich mich sogar wie im „Flow", als würde alles wie von selbst laufen. Die Dauerbelastung, das tagelange, monotone Gehen durch die beeindruckende endlose Weite der Rioja-Region zehrte allerdings an meinen Kräften, was sich unter anderem an meinem zunehmenden Schlurfen bemerkbar machte. Die unmittelbaren Beeinträchtigungen durch den MP hielten sich dagegen bislang in Grenzen. Vielleicht wollte ich sie aber auch nur nicht wahrhaben. Der Harndrang war bisweilen lästig und gelegentlich verspürte ich Steifheit in meinen Gelenken. Insgesamt habe ich den Abschnitt aber recht gut überstanden. Andererseits war er auch vergleichsweise leicht. Die Oca-Berge sowie der Alto de Mostelares erwiesen sich als weniger anstrengend als die Querung der Pyrenäen zu Beginn meiner Reise.

Gedanklich stand für mich in den zurückliegenden Tagen die Auseinandersetzung mit dem MP im Mittelpunkt. Ich bin inzwischen überzeugt, dass der Schlüssel zum Erhalt meiner inneren Selbständigkeit ihm gegenüber im Glauben an Gott liegt. Er ist der Anker, der mein Lebensschiff auch bei schwerer See sicher hält, und der Leuchtturm, der mir auch in finsterer Nacht den richtigen Weg weist. Lang und intensiv habe ich nach diesem Schlüssel gesucht. Die gelben Pfeile, die den Pilgern den Weg zu ihrem Ziel zeigen, helfen im übertragenen Sinne auch mir auf meinem Lebensweg. Ich werde daher auch weiterhin nach Zeichen suchen, die mich zu Gott führen.

Phase 3 – „Prüfung" (Tag 18 - 35)

Jeder Höhepunkt ist zugleich der Beginn einer Abwärtsbewegung. Und so wie die Tage nach der Sommersonnenwende erst unmerklich, dann jedoch zunehmend sichtbar kürzer werden, geht auch die bisherige „Flow"-Phase meiner Reise nun allmählich in einen neuen Abschnitt über, den ich rückblickend als „Prüfungsphase" bezeichnen möchte.

Unterwegs werden Städte wie León oder Ponferrada sowie die hügelige Weinbauregion Bierzo für die nötige kulturelle und landschaftliche Abwechslung sorgen. An körperlichen Herausforderungen stehen mir der Aufstieg auf den Monte Irago, den mit 1.500 m höchsten Berg meiner Reise, sowie in den 1.330 m hoch gelegenen Wallfahrtsort O Cebreiro bevor.

Meine bis dahin doch eher theoretischen Überlegungen meinen Glauben und den Umgang mit dem MP betreffend werden in dieser Phase einem harten Praxistest unterzogen. Tag 18 meiner Wanderung wird dabei stellvertretend für diese Entwicklung stehen.

Tag 18

Datum	09.05.2015	Wegstrecke	23 km
Zielort	Calzadilla de la Cueza	**Ø-Tempo**	4,4 km/h
Herberge	Albergue municipal	**Gesamtzeit**	6 ¾ h

Als ich loslaufe, liegt der Weg noch im Dunkel und ermuntert mich zu einer Gehmeditation Da ich den Untergrund nur schemenhaft erkenne, ertaste ich ihn vorsichtig mit meinen Füßen und beobachte dabei wohlwollend jede ihrer Bewegungen. Ich bin zufrieden mit ihnen und mit mir.

Langsam steigt die Sonne am Horizont auf. In den Mulden der weit geschwungenen Landschaft bilden sich Morgennebel – ein beeindruckendes, geradezu mystisches Schauspiel. Während ich versuche, den besonderen Augenblick mit meiner Kamera festzuhalten, tauchen hinter mir zwei Pilger aus dem Dunst auf, die mich zügig überholen.

Die Sehenswürdigkeiten von Carrión de los Condes wie die „Iglesia de Santa María del Camino" oder das Kloster „San Zoilo" bleiben mir verschlossen. Ich bin einfach zu früh dran und will nicht warten, sondern vorankommen!

Hinter Carrión breitet sich wieder die „Meseta Norte", das nördliche kastilische Hochland, aus. Die Gegend erinnert mich an Ostfriesland: endlose Weite, ganz selten mal ein Baum, der den Horizont unterteilt und waagerechte Linien, wohin man sieht. Während ich diese Art von Landschaft seit meiner Kindheit und Jugend in Schleswig-Holstein kenne und liebe, ist sie für viele meiner Mitpilger wegen ihrer Eintönigkeit nur schwer zu ertragen. Auf einer Länge von fast 18 km gibt es kein einziges Dorf, geschweige denn eine Möglichkeit der Bewirtung. Die Sonne brennt derweil erbarmungslos vom stahlblauen Himmel. Glücklicherweise sorgt mein Wanderschirm für Schatten und der angenehm frische Wind kühlt ebenfalls ein wenig.

Mein notorisches Schlurfen verstärkt sich im Tagesverlauf zusehends und ich entwickle einen „Schaukelgang". Ob es „nur" an der Erschöpfung oder dem MP liegt, kann ich nicht genau sagen – vermutlich an beidem, es ist schwer zu trennen. Zwar erreiche ich noch immer ein für mich akzeptables Marschtempo, werde über den Tag aber kontinuierlich langsamer. Der Weg nimmt mich so sehr in Anspruch, dass ich kaum zum Nachdenken komme, wie ich mit der Situation umgehen will. Das „Siegergefühl" der vergangenen Tage ist verschwunden. Ab jetzt heißt die Devise: Durchhalten und Kräfte schonen, soweit der Weg das zulässt. Mein Konzept für den Umgang mit dem MP, mein Heil im Glauben zu finden und den „gelben Pfeilen" zu folgen, steht auf dem Prüfstand. Nun muss sich beweisen, ob mein Glaube stark genug ist.

Erschöpft erreiche ich am frühen Nachmittag Calzadilla de la Cueza. Die städtische Herberge am Ortseingang ist neu und gepflegt, allerdings gibt es wieder einmal nur Stockbetten und kaum Privatsphäre. Aber nach den Strapazen des heutigen Tages sind das noch meine geringsten Probleme.

Tag 19

Datum	10.05.2015	Wegstrecke	21 km
Zielort	Sahagún	Ø-Tempo	4,3 km/h
Herberge	Albergue Viatoris	Gesamtzeit	6 ½ h

Es ist nicht einmal 8 Uhr und die Sonne scheint schon wieder mit aller Kraft. Die jungen Platanen entlang des Weges, die eigentlich Schatten spenden sollen, sind noch zu klein, um ihrer Aufgabe gerecht zu werden. Zwar schützt mich mein Schirm, doch das ändert nichts daran, dass die Hitze mir sämtliche Energie raubt. Der bereits in meiner ersten Wanderwoche aufgetretene „Rechtsdrall" stellt sich wieder ein und ich schlurfe erneut besorgniserregend. Der Weg beansprucht mich so sehr, dass ich kaum einen klaren Gedanken fassen kann. Für die an mir vorbeiziehende Landschaft und die Dörfer entlang der Strecke fehlt mir jeglicher Sinn. Ich danke Gott, als ich am Nachmittag endlich in der „Albergue Viatoris" in Sahagún eintreffe.

Meine Stiefel bereiten mir Sorgen. Durch das viele Schlurfen beginnen sich die Absätze zu lösen. Ich brauche etwas zum Kleben und frage daher einige Radfahrer, die mit mir in der Herberge übernachten, ob sie Vulkanisierlösung dabeihaben. Wie ich erfahre, benutzt man so etwas heutzutage aber gar nicht mehr, da es mittlerweile selbstklebende Schlauchflicken gibt. Dafür erhalte ich einen wertvollen Tipp: Im Ort soll es einen Gemischtwarenladen geben, der eventuell Klebstoff verkauft. Obwohl es Sonntagabend ist, hat das Geschäft geöffnet und hält – direkt neben der Heringstonne – sogar gleich zwei Sorten Sekundenkleber für mich bereit.

Ich entscheide mich für eine davon, die mir dann auch für den Rest der Wanderung beste Dienste leistet.

Bei einem anschließenden Rundgang durch den Ort fallen mir die vielen Ziegelsteinbauten im Mudéjarstil auf, der auf die gleichnamige muslimische Bevölkerungsgruppe zu Zeiten der „Reconquista"[26] zurückgeht. Schon damals war Naturstein in der Region ein knappes Gut. Das geringe Gewicht der Ziegel ermöglichte zudem die Errichtung hoher Vierungstürme. In Anlehnung an die islamische Architektur wurden diese mit zahlreichen Hufeisenbögen und dekorativen Fensterzonen versehen, was ihnen bis heute ein orientalisches Antlitz verleiht.

Am Abend feiere ich das Wiedersehen mit meinen Pilgerfreunden, die die Nacht zuvor anderweitig verbracht haben, in einem typisch einheimischen Restaurant am Marktplatz. Dabei unterhalten wir uns lange über das Thema „Achtsamkeit". Ich erkläre ihnen das Prinzip am Beispiel einer Rosine:

Beim achtsamen Umgang mit ihr werden alle Sinne bemüht. Man betrachtet Farbe und Form, ertastet die verschrumpelte Oberfläche, riecht ihren Duft, schmeckt die Aromen und lauscht den Geräuschen, die beim Kauen entstehen. Ziel des Ganzen ist es, dass man sich von eingefahrenen Stereotypen löst und den Blick weitet. Das eröffnet einem eine differenziertere Sicht auf einen selbst und auf die Interaktion mit der eigenen Umwelt. Ich nenne das den „360°-Blick". Auf diese Weise gewinne ich neue Erkenntnisse und Einsichten, die mein Verhalten, meine Einstellungen, meinen

---

[26] Der Begriff (spanisch: „Rückeroberung") bezeichnet die Zurückdrängung des muslimischen Machtbereiches auf der Iberischen Halbinsel durch christliche Herrscher, die im Jahr 722 begann und 1492 mit der Eroberung Granadas endete.

Umgang mit mir selbst und meiner Umgebung, ja letztlich mein ganzes Leben verändern können. Für mich ist das der Zugang zum Glauben an Gottes Segen und Kraft, die er uns zuteilwerden lässt.

Tag 20

Datum	11.05.2015	Wegstrecke	20 km
Zielort	El Burgo Ranero	Ø-Tempo	4,1 km/h
Herberge	Albergue La Laguna	Gesamtzeit	6 h

Auch heute ist es wieder sehr heiß, ich schätze an die 30 °C. Das ist sehr belastend für Kopf, Kreislauf und Kräfte, zumal auch der Wind kaum erfrischt. Der Weg geht, wie schon an den Tagen zuvor, eintönig an der Autobahn entlang. Rechts und links davon gibt es nur Felder soweit das Auge blickt. Diese Gleichförmigkeit will ertragen werden.

Das Marschieren fordert mich erneut so sehr, dass ich nicht zum Meditieren komme. Der „Rechtsdrall" wird allmählich zu meinem ständigen Begleiter. Ich frage mich einmal mehr, ob das an der Sonne, dem MP oder dem allgemeinen Kräfteverschleiß liegt.

In El Burgo Ranero kommt mir meine Mitpilgerin Maria entgegen, die nachsehen will, wo ich denn bleibe. Als sie mich entdeckt, ist sie erleichtert und umarmt mich herzlich. Auf ihre Frage nach meinem Befinden muss ich nicht viele Worte machen. Sie sieht sofort, dass ich vollkommen fertig bin. Gemeinsam gehen wir das letzte Stück bis zur „Albergue La Laguna" am Ortsende.

Abends genießen wir zusammen mit Tobias und Verena in der nahegelegene „Cafetería El Camino" bei lauer Luft unter freiem Himmel eine leckere Paella und einen guten roten „Vino de la Casa"[27]. Wirt Pepe erweist sich dabei als cleverer Geschäftsmann: Um Gäste in sein kleines Restaurant zu locken, offeriert er nachmittags den vorbeiziehenden Pilgern seine Paella für 5 €. Das erscheint günstig, weshalb so mancher darauf eingeht. Im Laufe des Abends kommen dann bei den meisten allerdings noch Salat und Wein dazu, so dass am Ende doch wieder 10 bis 15 € auf der Rechnung stehen. Trotzdem ist Pepe niemand böse wegen seines ebenso genialen wie sympathischen Verkaufstricks.

Neben mir sitzen zwei holländische Radler, mit denen ich mich angeregt über die Vor- und Nachteile dieser Pilgerform unterhalte. Unser Berliner Mitpilger aus San Bol schwelgt indessen schon wieder lautstark in seinen spirituellen Erkenntnissen, die er auf dem Weg gewonnen hat. Mir wird das bald zu viel, ich verabschiede mich früh ins Bett.

Tag 21

Datum	12.05.2015	Wegstrecke	19 km
Zielort	Mansilla de las Mulas	Ø-Tempo	3,9 km/h
Herberge	Albergue El Jardín del Camino	Gesamtzeit	6 ½ h

Nach schlafloser, albtraumreicher Nacht stehe ich bereits um 5 Uhr auf und mache mich etwa eine Stunde später, wie gewohnt ohne Frühstück, auf den Weg. Ich möchte den

---

[27] Spanisch: „Hauswein"

Sonnenaufgang genießen und die Morgenfrische nutzen, um bei einer Gehmeditation noch einmal über mein neues Leitmotiv zu reflektieren, wonach ich im Umgang mit dem MP mein Heil im Glauben an Gott finden will.

Wetter und Strecke haben sich gegenüber dem Vortag kaum verändert. Sie sind weiterhin heiß, anstrengend und langweilig. Zum Glück fällt meine heutige Etappe mit 19 km etwas kürzer aus. Meine Durchschnittsgeschwindigkeit bleibt dennoch niedrig. Mein Gang wird von Schritt zu Schritt schleppender, langsamer und müder. Ich kann die Beine nicht mehr richtig anheben, die Füße nicht mehr ordentlich abrollen, zudem schmerzen Knie und Hüften. Zwar hat der „Rechtsdrall" ein wenig nachgelassen, doch scheint alles irgendwie mühsamer zu gehen – sei es nun das Laufen, Essen, Zähneputzen oder Anziehen. Selbst bei kleinen Bewegungsänderungen muss ich mir immer erst bewusstwerden, was ich eigentlich will und wie das geht. Ich überlege, ob meine Medikamentendosis vielleicht zu niedrig ist oder ob ich mir einfach zu viel zugemutet habe. Letzteres dürfte aber wohl eher eine rhetorische Frage sein.

Kurz vor Reliegos kommt mir ein etwas verlottert aussehender Mann mit langem Bart entgegen, dessen Alter ich nur schwer einschätzen kann. Er trägt einen Rucksack und säubert diesen Streckenabschnitt offenbar von Kronkorken, Taschentüchern und anderem Unrat, den Pilger achtlos weggeworfen haben. Ob er wohl auch ein Pilger ist? Ich habe von Leuten gehört, die angeblich ihr ganzes Leben auf dem „Camino" verbringen. Wenig später kreuzen sich unsere Wege in einer Bar am Ortseingang von Reliegos erneut und ich beobachte, wie ihm der Wirt im Austausch für die von ihm gesammelten Kronkorken einen Kaffee ausgibt.

Als ich endlich in Mansilla de las Mulas ankomme, sind meine Pilgerfreunde schon da. Gemeinsam erholen wir uns bei einem erfrischenden Glas Sangría im wunderschönen Garten der Herberge „El Jardín del Camino" und bewundern deren prächtige Rosenbüsche. Tobias schießt ein Foto von mir. Als ich es mir später zu Hause ansehe, erschrecke ich. Die Strapazen der Wanderung stehen mir ins Gesicht geschrieben. An jenem Nachmittag in Mansilla ignoriere ich jedoch die Stimme der Vernunft, die mir sagt, ich solle besser aufhören und mich nicht übernehmen. Schließlich habe ich eine Vision, ein Ziel: Santiago. Und was kann die Vernunft schon gegen eine Vision ausrichten?

Vom Weg gezeichnet: Der Autor im Herbergsgarten in Mansilla de las Mulas

114

Tag 22

Datum	13.05.2015	Busfahrt	20 km
Zielort	León	Ø-Tempo	---
Herberge	San Francisco de Asís	Gesamtzeit	---

Da der Weg heute auch nicht attraktiver ist als an den Vortagen und die Sonne erneut brennt, beschließen meine Freunde und ich, die Strecke nach León mit dem Bus zurückzulegen. So können wir nicht nur unsere Kräfte schonen, sondern auch „Kilometer machen" und eine Zeitreserve für die kommenden Etappen aufbauen. Auch wenn ich jedes Mal ein schlechtes Gewissen habe, wenn wir an Pilgern vorbeifahren, bin ich dennoch froh, heute nicht den Strapazen des Laufens ausgesetzt zu sein. Durch die Busfahrt haben wir außerdem mehr Zeit für die zahlreichen Sehenswürdigkeiten von León, wie etwa die Kathedrale mit ihrer weltberühmten Rosette oder die malerische Altstadt. Damit bei all der Kultur das leibliche Wohl nicht zu kurz kommt, gönnen wir uns anschließend in einem Café noch eine Portion „Chocolate con Churros", ein typisches spanisches Fettgebäck, das mit dickflüssiger Trinkschokolade serviert wird.

Seit Tag 17 lässt meine Leistungsfähigkeit stetig nach. Ich bewege mich immer langsamer und bin schneller erschöpft. Ob es vielleicht daran liegen, dass ich zu wenig trinke? Wenn ich laufe, habe ich für gewöhnlich keinen Durst. Ich zwinge mich aber auch nicht zum Trinken, immerhin drückt meine Blase schon häufig genug. Heute plagt mich der „Imperative Harndrang" mal wieder besonders. Eine Tablette sorgt zumindest für etwas Linderung.

Die Nacht im schmucklosen Herbergsanbau des ehemaligen Kapuzinerklosters „San Francisco de Asís" verläuft unerfreulich. Ich bekomme starke Halsschmerzen und vermutlich auch Fieber – genau weiß ich es nicht, denn ich habe kein Thermometer dabei. Meine Gedanken fangen an zu kreisen. Hoffentlich muss ich meine Wanderung nicht abbrechen. Andererseits hatte ich schon öfters eine Erkältung und meist ging sie auch schnell von allein wieder weg. Doch diesmal sollte es anders kommen...

Tag 23

Datum	14.05.2015	Wegstrecke	20 km[28]
Zielort	Rabanal del Camino	Ø-Tempo	3,8 km/h
Herberge	Albergue La Senda	Gesamtzeit	6 ¾ h

Bis ins etwa 50 km südwestlich von León gelegene Astorga genehmigen meine Pilgerfreunde und ich uns ein weiteres Mal den Bus. Die eigentliche Route entlang der Nationalstraße N-120 ist nicht nur langweilig, sondern aufgrund des hohen Verkehrsaufkommens auch laut und teilweise sogar gefährlich. Durch die Fenster des Busses beobachten wir andere Pilger, die standhaft ihre Bahnen ziehen. Besonders glücklich wirken sie aber nicht. Ich bin froh, mir diese Mühsal heute abermals ersparen zu können.

Durch die Busfahrt kann sich mein angeschlagener Körper noch ein wenig ausruhen. Darüber hinaus gewinne ich so

---

[28] Die Angabe bezieht sich auf die reine Laufstrecke von Astorga bis Rabanal del Camino.

eine weitere Zeitreserve von mindestens zwei Tagen, die ich mir aufheben will, falls meine Kräfte weiter nachlassen und ich nicht mehr so lange Etappen gehen kann wie bisher. Entgegen meiner Hoffnung hat die Erkältung über Nacht nicht nachgelassen. Vernünftiger wäre es jetzt vermutlich, meinem Körper die zwei gewonnenen Tage zur Erholung zu gönnen. Doch mein Wunsch, Santiago zu erreichen, treibt mich voran. Ich beiße auf die Zähne und bitte Gott um Kraft für meine weitere Wanderung.

In Astorga trennen sich vorerst die Wege unserer kleinen Pilgergruppe: Maria hat eine Blutblase unter dem Fuß, die ihr keine andere Wahl lässt, als zu pausieren. Während Verena schon mal vorausläuft, will ich mir zunächst noch Astorga, die Stadt der Schokolade und des Bischofpalais von Antoni Gaudí, ansehen. Doch irgendwie finde ich keine Ruhe. Der „Camino" ruft und ich mache mich daher auf nach Rabanal, der letzten Station vor dem Aufstieg auf den Monte Irago.

Der Weg führt mich durch die „Maragatería", ein weites, gewelltes Land mit blühendem Buschwerk und niederen Bäumen. Die Gegend ist einsam, nur ab und zu passiere ich ein verlassen wirkendes Dorf mit Häusern aus grauem Granit.

Die Maragatería westlich von Astorga

Das Wetter schlägt um, es fängt an zu tröpfeln. Der eisige Wind kommt wie üblich von vorn. Obwohl ich bereits mehrere Schichten Kleidung übereinander trage, bin ich dafür zu dünn angezogen. Unterwegs komme ich an einem groben Maschendrahtzaun vorbei, in den Pilger kleine Äste in Kreuzform eingeflochten haben. Ich bleibe stehen und halte kurz inne.

Nach den starken Halsschmerzen der vergangenen Nacht fühle ich mich heute ein bisschen besser und sehe wieder zuversichtlicher auf die noch vor mir liegende Strecke. Haben meine Gebete vielleicht doch etwas bewirkt?

Seit Kurzem plagt mich aber noch ein anderes Problem: Ähnlich wie bei meinem bereits erwähnten „Rechtsdrall" „falle" ich beim Marschieren mit dem Oberkörper immer wieder nach vorn, so dass ich Gefahr laufe, zu schnell zu werden und zu stürzen. Ich nenne das „Schießen" oder „Wieseln". Dagegen anzukämpfen, kostet mich viel Kraft. Entsprechend ausgelaugt treffe ich gegen Abend in der „Albergue La Senda" in Rabanal del Camino ein.

Tag 24

Datum	15.05.2015	Wegstrecke	18 km
Zielort	El Acebo	Ø-Tempo	3,7 km/h
Herberge	La Casa del Peregrino	Gesamtzeit	8 h

Heute liegt einer der Höhepunkte meiner Pilgerreise vor mir: das „Cruz de Ferro"[29] auf dem Monte Irago, dem höchsten Punkt meiner gesamten Wanderung von Meersburg nach Santiago de Compostela. Bis dorthin ist es jedoch noch ein

---

[29] Galicisch: „Eisernes Kreuz"

weiter, mühsamer Weg. Dieser führt zunächst eine schmale Landstraße entlang und geht dann über in einen steilen, steinigen Pfad, der von dichten, weiß blühenden Ginsterbüschen gesäumt ist. Glücklicherweise ist der Untergrund trocken, dafür weht aber wieder ein unangenehm kalter, scharfer Wind von vorn, der ebenso wie die Steigung auf mein Wandertempo drückt. Es ist bereits später Vormittag, als ich in Foncebadón, einem kleinen Nest kurz vor dem Gipfel, endlich mein lang ersehntes Frühstück bekomme. Beim Betreten der Bar sind meine Finger so klamm und steif vor Kälte, dass ich kaum die Knöpfe meiner Jacke öffnen kann.

Nach einem sich endlos hinziehenden Aufstieg erreiche ich schließlich gegen Mittag den Gipfel des Monte Irago. Schon von weitem erkenne ich den Schuttkegel mit dem etwa 5 m hohen Holzmast, an dessen Spitze das „Cruz de Ferro", ein kleines, unscheinbares eisernes Kreuz, befestigt ist. Seit meiner ersten Pilgerfahrt im Jahr 2010 habe ich von ihm geträumt und mir unzählige Berichte und Fotos davon angesehen. Jetzt, wo ich endlich da bin, überwältigt mich der Anblick so sehr, dass ich weinen muss.

Seit vielen Jahrhunderten legen Pilger an diesem Ort symbolisch – meist in Form eines Steines – alles ab, was sie belastet und sie bis hierher mit sich geschleppt haben, wie etwa Sorgen, Kummer oder Sünden. Auch ich darf mich nun dieser Gemeinschaft zugehörig fühlen. Bei dem Gedanken daran wird mir warm ums Herz und mir kommen erneut die Tränen.

Meine Frau und einer meiner Söhne haben mir ein rotes Stoffherz und eine kleine Holzfigur mitgegeben, die ich stellvertretend für all ihre seelischen Belastungen hier zurücklassen soll. Damit sie nicht weggeweht werden, verstecke ich sie sorgfältig unter ein paar Steinen. Danach verharre ich noch eine ganze Weile unter dem Kreuz, den Blick gen Himmel gerichtet, und denke über mein Leben und meine Sünden nach, wobei ich im Stillen all diejenigen um Verzeihung bitte, die davon betroffen waren. Außerdem danke ich Gott, dass er mich soweit getragen hat, und bitte ihn um seinen Segen für meine Familie und den Rest meines Weges.

Das Cruz de Ferro auf dem Monte Irago

Zu meinem Leidwesen ist das „Cruz de Ferro" auch ein Touristenmagnet. Viele Besucher kommen in Bussen aus aller Herren Länder. Auch aus Deutschland kann man den

„Camino" als Pauschalreise buchen – sogar mit geistlicher Begleitung oder mit Gepäcktransport von einer Herberge zur nächsten. Das ist jedoch nichts für mich. Ich ertappe mich dabei, wie ich etwas von oben herab auf diese Art von Pilgern blicke: „Mit dem Bus kann jeder." Doch unter ihnen dürfte es sicherlich auch welche geben, die hier ihre Sorgen und ihren Kummer loswerden wollen, den Weg aber aus gesundheitlichen Gründen nicht mehr gehen können. Das respektiere ich, schließlich bin ich ja selbst beladen.

Die weitere Strecke bis nach El Acebo ist zunächst gut ausgebaut und bietet wunderschöne Aussichten auf die Ausläufer der Sierra del Teleno. Weiter unten entwickelt sich der Weg dann zu einem Gebirgspfad der unangenehmeren Art: eng, relativ steil und übersät mit großen Steinen. Ich hüpfe von einem Felsbrocken zum anderen und komme wieder ins „Schießen". Der Rucksack drückt mich nach vorn, ich werde gefährlich schnell. Verzweifelt versuche ich, gegenzusteuern und stehenzubleiben, aber es gelingt mir nicht und so lande ich letztlich in einem Dornengebüsch. Zum Glück komme ich nahezu unverletzt davon. Zurück bleiben lediglich ein paar Schrammen und die Erkenntnis, dass die parallel verlaufende Straße vermutlich sicherer gewesen wäre.

Bergpanorama auf dem Weg nach El Acebo

Wenig später passiert mir das Gleiche ein zweites Mal, als ich gerade dem Drang meiner Blase nachgeben will. Zwar kann ich mich diesmal nach ein paar wilden Pirouetten gerade noch senkrecht halten, bekomme aber dennoch einen gewaltigen Schreck. So kann es nicht weitergehen! Wenn ich nicht mehr die Kontrolle über meinen Körper habe, werde ich zur Gefahr für mich und andere. Ich nehme alle meine Sinne zusammen und taste mich mit Hilfe meiner Wanderstöcke vorsichtig voran.

Unterwegs begegnet mir eine Gruppe junger Leute mit zwei Eseln bei der Rast. Wir unterhalten uns eine Weile über das „Woher" und „Wohin". Dabei stellt sich heraus, dass sie aus Portugal kommen und über Santiago auf dem Weg nach Foncebadón sind, wo sie eine weitere Herberge eröffnen wollen. Offenbar haben sie aber keine Eile, es bleibt zwischendurch noch Zeit zum Musizieren. Derweil knabbern die Esel hier und da ein paar Gräser. Ich bewundere, ja beneide die jungen Leute. Sie wirken unbeschwert und scheinen ganz nach dem Motto zu leben: „Dem Glücklichen schlägt keine Stunde."

Anschließend geht es noch eine ganze Weile bergab – zum Glück ohne weiteres Stolpern oder Hinfallen –, bis ich endlich in El Acebo ankomme. Die „Albergue La Casa del Peregrino" liegt am anderen Ende des kleinen, aber langgezogenen Dorfes. Ich bin erleichtert, als ich vor der Herberge stehe, denn viel weiter hätten mich meine Füße heute auch nicht mehr getragen. Verena, die schon vor mir eingetroffen ist, hat die untere Etage eines Stockbettes für mich reserviert. Ich falle hinein und schlafe vor Erschöpfung auf der Stelle ein.

Tag 25

Datum	16.05.2015	Wegstrecke	26 km
Zielort	Camponaraya	Ø-Tempo	4,7 km/h
Herberge	Albergue Naraya	Gesamtzeit	9 h

Als Pilger leidet man unter jedem Wetter: entweder es ist zu heiß, zu kalt oder zu nass. Heute stellt zur Abwechslung mal wieder die Hitze eine Herausforderung dar, denn die Sonne knallt erneut von einem strahlend blauen Himmel.

Der Pilgerweg hinter El Acebo ist landschaftlich sehr schön, aber leider auch steil und felsig, was ihn in Anbetracht meiner mangelnden Trittsicherheit gefährlich macht. Eingedenk meiner gestrigen Erfahrungen wechsele ich daher auf die parallel verlaufende Straße, die mich geradewegs nach Ponferrada führt. In der Hauptstadt der Bierzo-Region würde ich eigentlich gern die riesige, stolze Templerburg aus dem 12. Jahrhundert besichtigen, doch da meine Kraftreserven bei meiner Ankunft schon weitgehend aufgebraucht sind und ich heute noch ein gutes Stück Weg vor mir habe, verzichte ich schweren Herzens darauf. Einen Abschiedstrunk mit Ken aus Hawaii, den ich zufällig auf der „Plaza del Ayuntamiento" am Fuße der Burg treffe, lasse ich mir dagegen nicht nehmen. Wir beide haben uns in Orisson kennengelernt und sind uns seitdem immer mal wieder begegnet. In Ponferrada muss er seine Pilgerfahrt aus gesundheitlichen Gründen abbrechen. Das ist bitter für ihn, zumal er eine so lange Anreise hatte und sich sein Traum von einer Ankunft in Santiago nun nicht erfüllt. Ich versuche ihn zu trösten. Immerhin kann ich mich gut in seine Enttäuschung und Traurigkeit hineinversetzen, kämpfe ich doch mit ähnlichen Problemen.

Obgleich der „Original-Jakobsweg" vom Zentrum Ponferradas in einem weiten Bogen zu meinem heutigen Ziel Camponaraya führt, folge ich mit Rücksicht auf meine schwindenden Kräfte lieber der Empfehlung zweier Mitpilgerinnen, die mir auf ihrem Smartphone einen kürzere, direkte Route entlang der Ausfallstraße nach Cacabelos zeigen. Diese verläuft schnurgerade und kommt mir endlos vor. Die stechende Sonne, die Hitze und der Straßenlärm machen das Laufen nicht gerade erträglicher. Ich freue mich über jedes kleine Stück Schatten. Ausgerechnet jetzt haben alle Bars entlang des Weges geschlossen und meine Trinkflaschen sind leer. Endlich erreiche ich das Krankenhaus von Ponferrada, hinter angeblich dem die „Albergue Naraya" liegen soll. Da ich nirgendwo ein Hinweisschild entdecke, frage ich mich durch. Ein Spanier will mich in die Richtung zurückschicken, aus der ich gekommen bin. Zum Glück erbarmt sich ein Ehepaar, das die Unterkunft kennt, und fährt mich dorthin. Dabei zeigt sich, dass noch fast 5 km Fußmarsch vor mir gelegen hätten. Umso dankbarer bin ich für den Transport. In der Herberge bekomme ich ein „Pilgermenü", so dass ich mir nach dem anstrengenden Tag nicht auch noch ein Restaurant suchen brauche.

Vor dem Einschlafen fällt mir auf, dass ich in letzter Zeit ständig überlegen muss, wie ich mich zum Beispiel im Bett zur Seite drehe, wie ich meinem Rucksack aufsetze oder ein Glas an die Lippen führe. Das alles dauert „ewig" und ist wohl schon eine Vorstufe des berüchtigten „Freezings", eines typischen Parkinson-Symptoms, bei dem der Gang oder andere Bewegungsabläufe plötzlich „einzufrieren" scheinen.

Ansonsten zehrt meine Erkältung weiterhin sehr an meinen Kräften. Nach den anfänglichen Halsschmerzen habe ich mittlerweile eine schwere Bronchitis entwickelt. Jedes Mal, wenn ich huste, krümmt sich mein ganzer Körper. Es hört sich übel an. Ich habe Angst vor einer Lungenentzündung oder dass die Herzklappen angegriffen werden könnten. Auch die Nasennebenhöhlen sind in Mitleidenschaft gezogen. Das Sekret kommt mir gefühlt zu den Augen heraus. Tagsüber hält sich die Beeinträchtigung noch in Grenzen, aber sobald ich mich abends hinlege, gehen die Hustenkrämpfe los. Das kann ich meinen Mitpilgern auf Dauer nicht zumuten. Meine Hoffnung, dass die Erkältung von selbst aufhört, erweist sich als trügerisch. Auf den Gedanken, einen Arzt aufzusuchen oder mir wenigstens in einer Apotheke ein paar Medikamente zu besorgen, komme ich zunächst aber nicht.

Tag 26

Datum	17.05.2015	Wegstrecke	25 km
Zielort	Trabadelo	Ø-Tempo	4,0 km/h
Herberge	Albergue Camino y Leyenda	Gesamtzeit	9 h

Die Nacht verläuft unruhig, an Schlaf ist wegen meines Hustens kaum zu denken. Daher mache ich mich schon im Morgengrauen auf den Weg, um noch einige Kilometer die kühlere Luft auszunutzen, bevor mich die Sonne wieder „grillt".

Trotz meiner Erkältung komme ich erstaunlich gut voran – jedenfalls besser als am Vortag. Und dies, obwohl die Lufttemperatur bis zum Mittag auf fast 40 °C steigt! Meine 1,5 l Wasservorrat sind somit schnell verbraucht. Die Strecke entlang der Provinzstraße bietet wenig Schatten. Obwohl die Höhenangabe meines GPS-Geräts nur zwischen 500 und 550 m schwankt, strengt mich das ständige Auf und Ab sehr an. Das Bierzo-Becken, in dem ich mich momentan befinde, erinnert mich mit seinen flachen Weinbergen an die Pfalz. Die Landschaft ist sanft geschwungen und lieblich, nicht so weitläufig majestätisch wie das Rioja oder die Hochebene von Burgos.

Am Ortseingang von Villafranca del Bierzo ruhe ich mich auf einer Parkbank im Schatten eines Baumes aus. Mit einem freundlichen „Buen Camino" schreitet ein älteres Ehepaar zügig an mir vorbei. Ich beneide die beiden um ihre Kondition. So hätte ich mir mein Vorankommen auch gewünscht. In einer klimatisierten Bar am Río Burbia lege ich eine weitere Verschnaufpause ein und erhole mich ein wenig im Kühlen.

Hinter Villafranca folgt der Weg der alten Nationalstraße N-VI durch eine enge Schlucht. Während ich weiterhin vergeblich Schutz vor der sengenden Sonne suche, „tobt" über mir die Autobahn A-6, deren Trasse ebenfalls durch das schmale Tal verläuft. Den alternativen „Camino Duro", den „Harten Weg" durch die Berge, erspare ich mir, obwohl er sehr schön sein soll. Der steile Aufstieg über 100 Höhenmeter ist mir jedoch zu strapaziös.

Nach langen, quälenden Stunden auf der Nationalstraße erreiche ich Trabadelo. Vor einer der Herbergen sitzt ein altes Mütterchen und bietet ihr eigenes Quartier an. Ich habe aber bereits in der „Albergue Camino y Leyenda" reserviert, die sie angeblich nicht kennt. Nach langem Suchen finde ich sie dennoch. Das alte Haus ist mit antiken Möbelstücken liebevoll hergerichtet und passt perfekt in die Umgebung. Es dauert eine Weile, bis ich mich an die Dunkelheit des Entrées gewöhnt habe, dafür ist es dort angenehm kühl. Im Obergeschoss gibt es gemütliche Mehrbettzimmer. Ich bin zu müde, um noch groß auszugehen, sondern will einfach nur schlafen und mich von den Strapazen des Tages erholen.

Tag 27

Datum	18.05.2015	Wegstrecke	20 km
Zielort	O Cebreiro	Ø-Tempo	3,8 km/h
Herberge	Casa Carolo	Gesamtzeit	9 h

Heute habe ich eine harte Etappe vor mir, vermutlich die härteste meiner ganzen Reise. Während der Vorbereitung habe ich mir zuhause auf einer Wanderkarte das Höhenprofil angesehen. Damals hielt ich die 20 km bis O Cebreiro, trotz eines Anstiegs von 700 m, an einem Tag für machbar. Grund für diese Annahme war der Hinweis meines Großvaters, eines erfahrenen Bergsteigers, der mich einst auf zahlreichen Wandertouren lehrte, dass in den Bergen die Höhendifferenz ein wichtigerer Maßstab für das Vorankommen ist als die Entfernung. Er war es auch, der mir die Faustformel beibrachte, dass man zum Überwinden von 400 Höhenmetern in etwa eine Stunde benötigt. Mit Rücksicht auf meine Erkrankung verdoppelte ich diesen Wert und plante auch gleich etwas mehr Zeit für das Zurücklegen der horizontalen Distanz ein. Am Ende kam ich so auf eine geschätzte Marschdauer von 6 bis 7 Stunden. Das lag in etwa im Bereich meines üblichen Tagespensums – dachte ich zumindest...

Das erste Stück des Weges gestaltet sich noch erträglich. Der Sonne kann ich auf der bewaldeten Strecke gut ausweichen. In La Portela de Valcarce komme ich an einer unscheinbaren Kapelle vorbei. Die einschiffige „Iglesia de San Juan Bautista" mit ihren kleinen, aus Feldsteinen gemauerten Fenstern duckt sich geradezu ins Tal. Ihr Glockenturm ähnelt einer Mauer, in die man drei Glocken gehängt hat. Zu meiner Überraschung sind ihre Türen nicht verschlossen. Drinnen ist es angenehm kühl. Während ich mich umsehe und die Stille genieße, stelle ich mir die Frage, wer die Kapelle wohl erbaut haben mag. Vielleicht wurden die Steine hierfür ja, wie bei so mancher Kirche auf dem Weg, von Pilgern mitgebracht – ein Gedanke, der mich ehrfürchtig werden lässt. Bevor ich weiterziehe, zünde ich noch eine Kerze an und spreche ein kurzes Gebet.

Entgegen meiner Hoffnung hat sich meine Erkältung über Nacht nicht gebessert, sondern erst so richtig festgesetzt. In Vega de Valcarce finde ich eine Apotheke, in der ich mich mit Hustenbonbons und Nasenspray eindecke, um die Symptome wenigstens etwas lindern zu können. Für wirksamere Medikamente bräuchte ich ein Rezept, doch weiß ich nicht, woher ich das bekommen sollte. In Las Herrerías, dem letzten Ort vor dem langen Aufstieg, gönne ich mir eine Rast, um mich noch einmal zu stärken. Ich halte Ausschau nach meinem Ziel, doch ein Bergkamm versperrt mir die Sicht. Erst jetzt wird mir klar, was da vor mir liegt.

Zunächst folgt der Weg noch einem schmalen Teersträßchen, um bald darauf in einen kleinen Schotterpfad abzubiegen. Dieser verläuft unter schattigen Bäumen, unter denen sich die hohen Temperaturen einigermaßen aushalten lassen.

In La Faba, auf rund 900 m Höhe, mache ich eine längere Pause, um ein letztes Mal Kraft zu schöpfen für den Schlussanstieg. Eigentlich bin ich schon jetzt körperlich am Ende. Vermutlich wäre es besser, wenn ich hier übernachten würde. Doch ich will die Strecke hinter mich bringen. Außerdem bin ich in O Cebreiro mit Verena verabredet. Also raffe ich mich auf für die letzten 5 km und 400 m Höhenmeter.

Ein spanischer Pilger, den ich auf über 50 schätze, sieht mich „dahinkriechen" und bietet mir spontan an, meinen

Rucksack zu tragen – frei nach Apostel Paulus in seinem Brief an die Galater:

„Einer trage des andern Last…"[30]

Sein Angebot rührt mich zutiefst und trifft mich völlig unvorbereitet. Ich bin es nicht gewohnt, dass mir jemand meine Aufgaben, Probleme oder Sorgen abnimmt, sondern dass ich mein Päckchen selbst zu tragen habe. Nun finde ich mich plötzlich in der Rolle des Getragenen wieder. Einerseits bin ich froh über die Möglichkeit, Last abgeben zu dürfen, andererseits schäme ich mich ob meiner Schwäche. Der „kleine Mann in meinem Ohr" flüstert mir ein: „Du bist groß und stark, Du schaffst das allein und brauchst keine Hilfe." Mit dem Hinweis, er habe ja bereits seinen eigenen Rucksack zu tragen, lehne ich die Offerte des Spaniers dankend ab. Ein Fehler, wie sich im Nachhinein zeigt, aber Stolz und Ehrgeiz gepaart mit der Sorge, bequem zu werden und anderen zur Last zu fallen, treiben mich dazu, den Weg aus eigener Kraft bewältigen zu wollen. Erst später kommt mir in den Sinn, dass ich das Angebot hätte annehmen sollen in der von Demut getragenen Erkenntnis, dass ich auf die Unterstützung meiner Mitmenschen angewiesen bin und sie mir diese uneigennützig gewähren. Ich nehme mir daher vor, in Zukunft dankbar für die mir angetragene Hilfe zu sein, aber auch selbst anderen zu helfen, wo ich kann.

Allein quäle ich mich weiter den Berg hinauf. Der Pfad hat mittlerweile den Wald verlassen, so dass die Sonne leichtes Spiel mit mir hat. Als ich mich hinsetzen möchte, um mir erneut eine kleine Pause zu genehmigen, zieht mich mein Rucksack plötzlich nach hinten weg. Ich bin zu erschöpft, um

---

[30] Galater 6,2

dagegen anzusteuern. Zum Glück stoppt mich ein großer Stein, bevor ich den Abhang hinunterrolle. Nachdem ich mich von dem Schreck erholt habe, rappele ich mich wieder auf und setze meinen beschwerlichen Marsch fort.

Auf dem Weg nach O Cebreiro

Nach einer Weile überholt mich ein Reiter. In Las Herrerías konnte man Pferde mieten, die einen den Berg hinauftragen. Das hätte ich jetzt auch gern. Wenig später schiebt ein Radfahrerpärchen seine Räder an mir vorbei. An Fahren ist bei dem steilen und steinigen Untergrund nicht zu denken.

Vor mir sehe ich Wolken über den Bergkamm schwappen. Ein Wetterumschwung kündigt sich an. Die Landschaft ist wunderschön, doch der Weg verlangt meine volle Aufmerksamkeit. Hinter La Laguna de Castilla komme ich an einem fast mannshohen Grenzstein vorbei, der den Übergang zur Autonomen Region Galicien markiert. Von dort sind es noch 1.200 quälende Meter bis zu meinem heutigen Ziel.

In O Cebreiro gibt es eine riesige kommunale Herberge mit 160 Doppelstockbetten in einem Saal. Eine Heringsbüchse bietet kaum weniger Platz. Mittendrin finde ich Verena, die mich schon vermisst hat. Da ich spät dran bin und die „Albergue" bereits voll belegt ist, muss ich mir eine andere Unterkunft suchen. Allzu enttäuscht bin ich deswegen aber nicht, denn in einem solchen Massenquartier mit nur begrenzten sanitären Einrichtungen hätte ich ohnehin nicht übernachten wollen. Zudem hätte ich mit meinen nächtlichen Hustenanfällen vermutlich den ganzen Saal wachgehalten.

So frage ich mich durch den Ort und finde glücklicherweise in der Pension „Casa Carolo" noch ein Doppelzimmer mit gepflegtem Bad. Weil ich es allein nutze, bekomme ich einen Sondertarif von 40 € für die Nacht. Froh, überhaupt noch etwas gefunden zu haben, hätte ich aber wahrscheinlich fast jeden Preis bezahlt.

Als ich mich später vor der Pension an einem heißen Glas Tee aufwärme, sehe ich eine junge Pilgerin mit ihrer kleinen Tochter in einem Sportbuggy an mir vorbeilaufen. „Wie kann sie dem armen Kind nur so etwas zumuten", denke ich mir, ermahne mich aber sogleich, nicht vorschnell zu urteilen. Immerhin kenne ich den genauen Sachverhalt nicht. Dieser wird sich mir erst ein paar Tage danach bei einem erneuten Aufeinandertreffen erschließen.

Kurz darauf passiert ein Radfahrer meinen „Beobachtungs-posten". Wir kommen ins Gespräch. Es stellt sich heraus, dass er ebenfalls Deutscher ist und für die Nacht noch eine Bleibe sucht. Spontan biete ich ihm das zweite Bett in meinem Zimmer an, wofür er sehr dankbar ist und sogar meine nächtlichen Hustenanfälle in Kauf nimmt.

Bei einem anschließenden Rundgang durch den Ort besichtige ich die Kirche „Santa María la Real", die als die älteste auf dem ganzen „Camino" gilt. Der massive Bau mit seinen kleinen Fenstern und dem gleichermaßen schlichten wie erhabenen Innenraum ist so etwas wie ein spanisches Nationalheiligtum. Der Legende nach sollen sich hier um das Jahr 1300 herum bei einem Gottesdienst Brot und Wein in das Fleisch und Blut Christi verwandelt haben. Ich nutze die Gelegenheit für ein Dankgebet nach diesem strapaziösen Tag.

Die Sonne wirft letzte Strahlen auf das Tal, wo ich heute früh gestartet bin. Ein wenig Stolz erfüllt mich angesichts meiner Leistung. Gleichzeitig ärgere ich mich, weil ich mir zu viel zugemutet habe. In meinem Tagebuch werde ich zu dieser Etappe später nur ein paar unleserliche Kritzeleien wiederfinden – ein klares Zeichen meiner Erschöpfung und des Einflusses des MPs.

Zeitig falle ich in mein Bett, bekomme aber vor lauter Husten kein Auge zu. Mein Zimmernachbar stört sich hingegen nicht an meinem „Gebelle". Er schläft wie ein Murmeltier.

Tag 28

Datum	19.05.2015	Wegstrecke	19 km
Zielort	Triacastela	Ø-Tempo	? km/h
Herberge	Albergue A Horta de Abel	Gesamtzeit	9 h

Die einzige Bar im Ort, die am Morgen schon geöffnet hat, ist brechend voll. Da ich nicht warten will, ziehe ich mit leerem Magen los. Das ist bei meiner Konstitution leichtsinnig, zumal ich auch auf keine „eiserne" Schokoladenration mehr zurückgreifen kann, nachdem ich diese beim gestrigen Aufstieg aufgebraucht habe.

Die Wolken hängen tief und sind regenschwer. Es ist empfindlich kalt und nass. Meine Nase läuft schon wieder, doch sind mir die Taschentücher ausgegangen. So viele, wie ich derzeit bräuchte, hätte ich aber auch gar nicht mitnehmen können.

Eine Gruppe junger US-Amerikaner, die mich überholt, weist mich darauf hin, dass die Straße bergauf, die ich eigentlich nehmen wollte, in die falsche Richtung führt. Also folge ich ihnen stattdessen talwärts auf einem kleinen Teerweg. Nach ein paar Kilometern merken wir jedoch, dass auch dies nicht die korrekte Route ist und kehren zu unserem Ausgangspunkt zurück. Dort finden wir nach einigem Suchen zwischen der Straße und dem Teerweg einen völlig überwucherten Pfad, der sich letzten Endes als der richtige erweist. Es bestätigt sich somit wieder einmal meine Erfahrung, dass der schmale, verwachsene, unkenntliche Weg oftmals die treffende Wahl ist, wohingegen vermeintlich bequeme Bahnen leicht in die Irre führen können. Überdies werde ich daran erinnert, dass ich nicht blindlings anderen vertrauen und folgen darf, sondern selbst die Augen offenhalten und stets prüfen muss, wohin mein Weg mich führt – und das nicht nur auf dem „Camino", sondern auch im „normalen" Leben.

Die Gruppe zieht davon und ich bin wieder allein auf weiter Flur. Nur mühsam komme ich voran. Der Irrweg hat mich zusätzlich Kraft gekostet. An sich hatte ich erwartet, dass es nach O Cebreiro nur noch bergab gehen würde, doch das trifft allenfalls auf meinen mentalen wie körperlichen Zustand zu. Vielmehr muss ich heute mit dem 1.270 m hohen Alto de San Roque und dem bis auf 1.335 m reichenden Alto do Poio gleich zwei Pässe überwinden, die fast genauso hoch oder sogar noch etwas höher sind.

Am Alto de San Roque begrüßt mich die überlebensgroße Skulptur eines mittelalterlichen Pilgers, der sich einem Sturm entgegenstemmt. Gern hätte sie fotografiert, doch bekomme ich mit meinen kalten, klammen Fingern die Kamera nicht aus meiner Gürteltasche.

Gegen 10 Uhr erreiche ich das kleine Dorf Hospital da Condesa, wo ich endlich frühstücken und mich aufwärmen kann. Zu meiner Überraschung treffe ich in der überfüllten Bar Iris wieder, die in Grañón meine Parkinson-Erkrankung diagnostiziert und die ich seither aus den Augen verloren hatte. Da sie und ihre Begleiter bereits im Aufbruch begriffen sind und nicht auf mich warten mögen, bleibt es bei einem kurzen „Hallo". Mir ist das aber gar nicht so unrecht, denn ich gehe ohnehin lieber in meinem eigenen, langsamen Tempo.

Das Wetter hat sich während meiner Frühstückspause ein bisschen gebessert. Zwar ist der Himmel immer noch grau, doch ist es nun zumindest trocken und etwas wärmer. Obendrein geht die Strecke jetzt leicht bergab, was mir sehr entgegenkommt.

Der Kammweg, auf dem ich wandere, bietet eine wunderbare Aussicht in alle Richtungen. Das hat allerdings zugleich den „psychologischen Nachteil", dass ich genau sehen kann, wie lang die Strecke noch ist, die vor mir liegt. In Fonfría warten bereits ein paar bellende Hunde auf mich. Ich weiche aus, bevor mir die Biester zu nahekommen und mir vielleicht noch in die ohnehin schon malträtieren Waden beißen.

In einem Vorort von Triacastela wähne ich mich schon am Ziel. Doch weit gefehlt, denn bis zur Herberge sind es noch einige zähe Kilometer. Mein Tempo wird unterdessen immer langsamer, meine Schritte kleiner. Das Gehen fällt mir schwer und ich bin wieder mal am Ende meiner Kräfte.

Auch von diesem Teilstück werde ich später in meinem Tagebuch keine verwertbaren Aufzeichnungen finden. Dazu passt, dass ich am Morgen vergessen habe, mein GPS einzuschalten und daher meine Laufzeit, die zurückgelegte Distanz und die überwundene Höhendifferenz nur schätzen kann. Offensichtlich bin ich so sehr mit meinen körperlichen Grundfunktionen beschäftigt, dass kein Raum mehr für andere, weniger wichtige Dinge bleibt.

Abermals werde ich von einer Gruppe junger Leute eingeholt. Diesmal handelt es sich um Spanier. Einer von ihnen dreht sich zu mir um und fragt mich auf Englisch, ob bei mir alles in Ordnung sei. Mein schleppender, müder Gang, die kleinen, schlurfenden Schritte und wie die Last auf meinen Schultern mich niederdrückt, sind anscheinend nicht zu übersehen. Gewiss wären er und seine Begleiter bereit, mir zu helfen und mir meinen Rucksack abzunehmen. Das wäre eine enorme Erleichterung für mich. Doch dafür müsste ich ihnen meine Krankheit erklären und wie sie mir meine Kräfte raubt. Ich bin jedoch so sehr mit mir selbst beschäftigt, dass ich nur ein knappes „Yes" hervorbringe, woraufhin sie beruhigt weiterziehen.

Grundsätzlich bin ich dankbar, dass andere Pilger nicht gedankenlos an mir vorbeilaufen, sondern mir Beachtung schenken und sich auch um mich sorgen. Das gibt mir die beruhigende Gewissheit, nicht allein zu sein. Auf der anderen Seite ärgere ich mich aber über mich selbst, weil ich wieder einmal zu stolz war, um Hilfe anzunehmen – und offenbar nicht aus meinen Fehlern lerne.

Mit Müh und Not erreiche ich schließlich mein Ziel. Unmittelbar vor dem Eingang der „Albergue A Horta de Abel" versagen meine Beine endgültig ihren Dienst. Helfende Hände strecken sich mir entgegen, nehmen mir den Rucksack ab und setzen mich auf einen Stuhl.

Nachdem ich mich wieder etwas erholt habe, sehe ich mich in der Herberge um. In der Empfangshalle steht eine Liege. Ich frage die „Hospitalera", ob ich wegen meines Hustens dort nächtigen darf, um die anderen Gäste nicht zu stören. Als ich später vom Abendessen zurückkomme, finde ich die Liege in ein bezogenes Bett verwandelt und mit einem Zettel versehen:

> THIS BED IS FOR
>
> DETLEF SACHSE
>
> GOOD NIGHT, ERICA

Vor Rührung und Dankbarkeit angesichts dieser fürsorglichen Geste kommen mir die Tränen.

Meine nächtlichen Hustenattacken bleiben trotz geschlossener Schlafraumtür nicht ungehört. Das ist mir unangenehm, auch wenn ich weiß, dass Pilger in der Regel abgehärtet sind, was Schnarchen und andere nächtliche Geräusch anbelangt. Meine Erkältung belastet mich so sehr, dass ich erneut kaum Schlaf finde. Damit fehlt mir auch die dringend nötige Regeneration, wodurch ich schon geschwächt in den neuen Tag starte.

Tag 29

Datum	20.05.2015	Taxifahrt	23 km
Zielort	Sarria	Ø-Tempo	---
Herberge	Albergue Casa Peltre	Gesamtzeit	---

In Triacastela trennen sich Verenas und meine Wege. Während sie noch zum berühmten Kloster Samos und anschließend weiter zum Kap Finisterre[31] will, ziehe ich in Anbetracht meiner Konstitution die direkte Route nach Santiago vor. Der Abschied fällt mir nicht leicht, ist sie mir doch auf der gemeinsamen Strecke stets eine liebe und zuverlässige Pilgerkameradin gewesen. Und auch wenn jeder von uns tagsüber in seinem eigenen Tempo marschierte, war es doch beruhigend zu wissen, dass am Ende der Etappe jemand auf mich wartet.

Nicht zuletzt auf dringendes Anraten meiner Frau, mit der ich jeden Abend telefoniere, suche ich nach dem Frühstück das nächstgelegene „Centro de Salud" auf, das sich etwas außerhalb von Triacastela befindet. Dort bin ich an diesem

---

[31] Die Landspitze an der spanischen Atlantikküste, etwa 60 km westlich von Santiago, galt einst als das „Ende der Welt" (lateinisch: „finis terrae"). Der Legende nach wurde Jakobus' Leichnam hier an Land gebracht. Auch besorgten sich Pilger dort früher ihre Jakobsmuschel als Beweis dafür, den „Camino" gemeistert zu haben.

Morgen einer der ersten Patienten. Nach kurzer Wartezeit komme ich an die Reihe. Die diensthabende Ärztin spricht leider nur Spanisch, ein „Probehusten" verdeutlicht jedoch schnell mein Problem. Einer gründlichen Untersuchung folgt eine ebenso ausführliche Erläuterung ihrer Diagnose. Zwar kann dem Redeschwall kaum folgen, doch scheint meine Erkrankung nicht so gravierend zu sein, als dass ich sofort in ein Hospital eingewiesen werden müsste. Sie verschreibt mir ein Antibiotikum, einen kleinen Inhalator sowie etwas gegen den Husten. Danach erhalte ich noch eine erste Behandlung unter einem kleinen Sauerstoffzelt. Die Medikamente besorge ich mir später in einer Apotheke, deren Besitzerin glücklicherweise Englisch spricht und mir das Nötigste erklärt.

Mit Rücksicht auf meinen desolaten Zustand verordne ich mir für heute „Laufruhe" und genehmige mir für die 23 km bis nach Sarria ein Taxi. Während ich darauf warte, komme ich mit einem indisch-stämmigen englischen Pilger ins Gespräch. Da er dasselbe Ziel hat, einigen wir uns darauf, Taxi und Fahrtkosten zu teilen. Als der Wagen endlich vorfährt, lasse ich mich erleichtert in dessen Sitz fallen.

In Sarria quartieren wir uns in der „Albergue Casa Peltre" in der Altstadt ein – ein altehrwürdiges Gebäude mit knarrenden Dielen, hohen Decken, einer steilen Treppe und spärlicher Elektrik. Ich suche mir ein Bett im Schlafraum im Erdgeschoss, den bereits einige lebhafte junge Spanier in Beschlag genommen haben, und inspiziere im Anschluss erst einmal die sanitären Anlagen. Schließlich ist es im Hinblick auf nächtliche Toilettengänge immer hilfreich, die Lage der Lichtschalter und mögliche Stolperfallen zu kennen.

Währenddessen kommt mir eine Idee. Ich frage den „Hospitalero" mit meinen paar Brocken Spanisch, ob er ein separates Bett für mich hätte, damit ich die anderen Gäste nicht mit meinem Husten störe. Er richtet mir daraufhin in der Küche im Obergeschoss ein Notbett her, wofür ich mich herzlich bei ihm bedanke.

Als ich vom Abendessen zurückkehre, feiern die Spanier fröhlich und lautstark in der Küche. Erst gegen 23 Uhr zieht es auch den letzten von ihnen ins Bett. Ich bleibe mit meinen Hustenanfällen und meiner Schlaflosigkeit zurück. Später in der Nacht treibt mich der Harndrang gleich mehrfach die steile Treppe hinunter ins Erdgeschoss zur Toilette. Wie gut, dass ich meine kleine Taschenlampe dabeihabe, die ich beim Schlafen immer mit einem Ring an meinem kleinen Finger trage. Ohne sie wäre ich aufgeschmissen, denn die Lichtschalter sind sehr versteckt und im Dunkeln kaum zu finden.

Tag 30

Datum	21.05.2015	Wegstrecke	14 km
Zielort	Ferreiros	Ø-Tempo	? km/h
Herberge	Albergue O Mirallos	Gesamtzeit	6 h

Der Morgen verheißt einen wunderschönen Tag. Es ist nicht zu heiß und ein leichter Wind erfrischt angenehm. Mit einer Länge von 14 km stellt die heutige Strecke keine übermäßige Herausforderung dar. Zudem macht sich der MP – anders als an den Vortagen – überraschend wenig bemerkbar. Leider vergesse ich erneut, mein GPS-Gerät einzuschalten, so dass mir am Abend die Daten für meinen Tagebucheintrag fehlen.

In Sarria starten viele Pilger auf den „Camino", die nur die letzten 100 km gehen wollen. Dies ist die vorgeschriebene Mindeststrecke, die man zu Fuß zurücklegen muss, um in

Santiago die begehrte „Compostela" zu erhalten. Von Pilgern, die mit dem Fahrrad unterwegs sind, wird hingegen die doppelte Distanz verlangt.

Steinernes Wegkreuz bei Barbadelo

Kurz vor Barbadelo entdecke ich ein altes Steinkreuz unter einem großen Lindenbaum. Es sind diese Zeugnisse mittelalterlicher Frömmigkeit, aber auch die großen Mühen, die ihre Erbauer auf sich nahmen, die mich stets aufs Neue beeindrucken. Die Gestaltung der Jesusfigur weicht stark vom gewohnten Bild ab. Ihr Kopf ist im Vergleich zu Rumpf und Gliedmaßen überproportional groß. Am meisten überrascht mich allerdings der Gesichtsausdruck. Wie schon beim Gekreuzigten in der Kirche von Torres del Río finde ich darin keinen Schmerz oder Todesangst, sondern vielmehr Ruhe und inneren Frieden.

In Barbadelo ist die „Igrexa[32] de Santiago" für Besucher geöffnet. Ihr stattlicher barocker Altar will nicht so recht zu ihrer mittelalterlichen Schlichtheit und Wehrhaftigkeit passen. Ich zünde eine Kerze an und gönne mir eine längere Besinnungspause. Gedanken darüber, wie es mit meiner Pilgerfahrt weitergehen soll, schwirren mir durch den Kopf. Die Kernfrage, ob ich meiner Vision folgen und weiterlaufen oder besser der Vernunft gehorchen und aufgeben sollte, bleibt aber unbeantwortet. Ich bete zu Gott, dass er mir die Kraft geben möge, durchzuhalten, damit ich mein Ziel doch noch erreiche.

Uralte knorrige Bäumen säumen den weiteren Weg und bilden mit ihrem dichten Blätterdach einen hervorragenden Sonnenschutz. Der Wind spielt mit dem Laub und lässt es flirrende Schatten auf den Boden zeichnen. Hin und wieder öffnet sich das Blattwerk und gibt den Blick frei auf die weite, grüne Landschaft.

Kurz hinter dem kleine Dorf Brea passiere ich den Kilometerstein, der den Beginn der letzten 100 km bis Santiago markiert. Generationen von Pilgern diente er bereits als Signal, es bald geschafft zu haben und für die durchlebten Gefahren und Strapazen mit Gottes Segen belohnt zu werden. Auch ich verspüre das erhabene Gefühl, so weit gekommen zu sein und sehe mich angespornt, bis zum Ende durchzuhalten.

---

[32] Galicisch: „Kirche"

Ideales Wanderwetter auf dem Weg nach Ferreiros

Die „Albergue O Mirallos" an meinem heutigen Zielort Ferrei-ros befindet sich mitten in der Renovierung. Der Schlafsaal im Keller gleicht einer Abstellkammer und wirkt alles andere als einladend, was mich aber immerhin zuversichtlich stimmt, ihn für mich allein zu haben. Vor der Herberge genieße ich den angenehm kühlen Wind und die Abendsonne. Ich rufe meine Frau an und versuche, ihre Sorgen zu zerstreuen. Sie sagt nicht viel, dennoch spüre ich ihre Ängste ganz genau.

Als ich zum Abendessen gehe, bin ich überrascht, wie viele Pilger doch noch hier abgestiegen sind. Ich finde Platz am Tisch einer etwa 35 Jahre alten Deutschen und ihres spa-nischen Begleiters. Es entspinnt sich eine interessante Dis-kussion auf Englisch über die Akzeptanz anderer Meinungen und das Fällen von Urteilen. Der Spanier legt sein Weltbild dar, das in sich logisch klingt. Nach seiner Auffassung kann man ein Urteil treffen, sobald eine Sache „klar" erscheint. Ich gebe ihm zu bedenken, dass ein erster Eindruck täuschen und man zu unterschiedlichen Ergebnissen kommen kann, wenn man nur alle Rahmenbedingungen kennt. Das versu-che ich ihm anhand meiner Parkinson-Erkrankung zu verdeutlichen: Aufgrund meines schleppenden Ganges und der schiefen Körperhaltung hätten mich andere Pilgern einmal für einen Alkoholiker gehalten. Als sie mich dann auch noch abends in der Herberge mit zwei Bierflaschen in der Hand gesehen hätten, hätten sie sich dadurch in ihrem Urteil bestätigt gefühlt. Später habe eine andere Pilgerin sie jedoch aufgeklärt, dass ich nicht an Alkoholismus, sondern an Parkinson leiden würde. Dadurch hätte sich ihre erste Einschätzung ins genaue Gegenteil gekehrt. Aus Ablehnung sei Mitgefühl geworden. Daher würde ich immer für eine „360°-Perspektive" plädieren und versuchen, zunächst alle Randbedingungen in Erfahrung zu bringen, die zu einem bestimmten Verhalten führen, bevor ich mein Urteil träfe. Damit können sich meine beiden Gesprächspartner einverstanden erklären.

Tag 31

Datum	22.05.2015	Wegstrecke	22 km
Zielort	Ventas de Narón	Ø-Tempo	3,8 km/h
Herberge	O'cruceiro	Gesamtzeit	8 ½ h

Beim Aufbruch hilft mir die Wirtin, eine stattliche, ältere „Señora"[33], in einer wohltuenden Geste liebevoll die Treppe vor der Herberge hinunter. Mit erfahrenem Blick hat sie sofort erkannt, wie schwer mir das fällt. Sie verabschiedet mich herzlich mit einem Kuss auf die Wange. Ich bin so gerührt, dass mir die Tränen kommen. Dabei ist mir eine solche Anteilnahme auf meinen Pilgerfahrten schon des Öfteren widerfahren. So zum Beispiel 2012 auf der „Via Gebennensis", als

---

[33] Spanisch: „Dame"

mich der Hausherr in Saint-Genix-sur-Guiers mit einem vä-
terlichen „Bon Courage" verabschiedete und mir damit nicht
nur „Viel Erfolg", sondern auch Zuversicht, Durchhaltevermö-
gen und Mut beim Voranschreiten ins Ungewisse wünschte.
Oder ein paar Tage später, in Bellegarde-Poussieu, wo der
alte Bauer, bei dem ich Quartier bezogen hatte, die halbe
Nacht damit verbrachte, den Zugangscode für meine nächste
Herberge herauszufinden, der er mir schließlich am darauffolgenden Morgen voller Stolz beim Frühstück auf einem Zettel übergab.

Heute habe ich kaum Gelegenheit, den Ausblick über die
schöne, weite Landschaft und die schattenspendenden Bäume zu genießen, so sehr strengt mich das Laufen an. Den
Kilometersteinen am Wegesrand begegne ich dennoch mit
Freude, ist doch die Zahl auf ihnen jedes Mal etwas kleiner,
womit auch mein Ziel immer näher rückt. Gleichzeitig erfüllen
sie mich aber auch mit Sorge, ob meine Kräfte reichen und
ich durchhalten werde.

Bis Portomarín komme ich noch ganz gut voran, zumal
es überwiegend bergab geht. Am Eingang des am Ufer des
Belesar-Stausees gelegenen Dorfes stoße ich inmitten eines
Kreisverkehrs auf eine Treppe, die in den im Zuge der Auf-
stauung des Río Miño hangaufwärts verlegten Ortskern führt.
Um meine Kräfte zu schonen, verzichte ich auf eine Besichtigung und marschiere stattdessen geradewegs weiter in Richtung Gonzar. Auf dem Weg dorthin geht es zunächst stramm
bergauf. Ich mache einer Gruppe junger Pilger Platz, die
deutlich schneller ist als ich. Ein kurzer Gruß, die fast schon
obligatorische Frage, ob alles in Ordnung sei, und fort sind
sie. Bald darauf überholt mich ein australischer Pilger, der
mich unverblümt auf meine Parkinson-Erkrankung anspricht.
Wie schon der Gruppe zuvor sind ihm mein schleppender,

schlurfender Gang und meine Langsamkeit aufgefallen. Er bewundert meinen Mut, sich auf eine so anstrengende Wanderung zu begeben. Über meinen Leichtsinn spricht er nicht. Sein freundliches Angebot, mir zu helfen, lehne ich dankend ab. Was dürfte ich ihm auch zumuten? Meinen Rucksack über eine längere Strecke zu tragen, wäre jedenfalls zu viel. Gern würde ich mich noch etwas länger mit ihm unterhalten, aber er läuft deutlich schneller als ich und will früher in Santiago sein.

**In Portomarín führt eine Treppe von einer
Verkehrsinsel hinauf in den Ort**

Der Weg kommt mir heute wieder mal endlos vor und wird mit jedem Schritt mühevoller. Unmittelbar an der Provinzstraße entlang bietet er zudem kaum Schutz vor der Sonne. Meine Wasserflaschen sind bereits nach kurzer Zeit leer, ich schleppe mich nur noch dahin. Erst am frühen Nachmittag bekomme ich in Gonzar etwas zu essen und zu trinken. Von dort sind es aber immer noch fast 5 km bis zu meinem heutigen Etappenziel. Normalerweise würde ich die Distanz in einer guten Stunde bewältigen, doch am Ende brauche ich fast doppelt so lang. Der Rucksack verstärkt meinen „Rechtsdrall" und scheint mich auf den Boden drücken zu wollen. Ich versuche, mit Achtsamkeitsübungen wie dem kontrollierten, weit ausschreitenden „Storchengang" dagegen anzukämpfen, doch es gelingt mir nicht. Meine Pausen werden häufiger und länger. Zwischendurch rufe ich meine Frau an. An meiner Stimme erkennt sie sofort meinen Zustand. Ihr wäre es am liebsten, wenn ich die Wanderung abbrechen würde. Andererseits weiß sie, welche Bedeutung der Weg für mich hat und wie wichtig es für mich ist, mein Ziel zu erreichen. Also lässt sie mich mit all ihren guten Wünschen weiterziehen.

Völlig ausgelaugt komme ich letztlich an der „Albergue O'cruceiro" in Ventas de Narón an. Dort gönne ich mir erst einmal etwas Ruhe. Doch die Frage, wie es weitergehen soll, lässt mich nicht los. Aufgeben will ich keinesfalls, denn mir ist klar: Wenn ich es jetzt nicht schaffe, werde ich wohl keine zweite Chance bekommen. Aber was ist, wenn ich mich übernehme und nicht mehr kann? Wäre das nicht fahrlässig, gar verantwortungslos? Ich habe keine Lösung.

Nach der kurzen Regenerationspause fröne ich den üblichen Pilgerritualen wie Wäschewaschen und Duschen. Im Schlafraum, den ich mir mit acht jungen Spaniern teile, suche ich mir ein Bett mit kurzem Weg zum Bad. Glücklicherweise gibt es hier keine Stockbetten. Da bis zum Abendessen noch etwas Zeit bleibt, widme ich mich meinem Tagebuch. Ich

versuche, meinen Zwiespalt zwischen Zielerreichung und Ei-
genverantwortung in Worte zu fassen. Es will mir aber nicht
recht gelingen. Meine Schrift wird derweil immer unleserlicher
und kleiner.

Als ich schlafen gehen will, stellen sich die Hustenkrämpfe wieder ein. Fluchtartig verlasse ich mein Bett, um die
anderen Gäste nicht zu stören. Meine Taschenlampe und
den Schlafsack lasse ich dabei in der Eile zurück. Daraufhin
versuche ich es mir, so gut es eben geht, auf einem Sofa im
Aufenthaltsraum gemütlich zu machen. Es ist jedoch zu kurz
und die Lehnen zu steil, so dass ich mich nicht ausstrecken
kann und mir vorkomme wie ein „Schweizer Taschenmesser". Neben dem Husten quält mich der Harndrang. Auf der
Suche nach einer Toilette irre ich im Dunkeln umher. Anschließend taste ich mich zurück auf das Sofa und versuche,
noch ein wenig zu schlafen – allerdings ohne Erfolg.

Tag 32

Datum	23.05.2015	**Wegstrecke**	19 km
Zielort	Ponte Campaña	**Ø-Tempo**	4,0 km/h
Herberge	Albergue Casa Domingo	**Gesamtzeit**	7 h

Am nächsten Morgen bin ich völlig gerädert von der schlaflosen Nacht. Die so dringend benötigte Erholung hat sich wieder einmal nicht eingestellt. Zum Glück ist die heutige Strecke
angenehm leicht. Nach einem bitterkalten Morgen wird es im
Laufe des Tages außerdem noch deutlich wärmer.

Der „Camino" ist gesäumt von unzähligen verwitterten
mittelalterlichen Kreuzen. Neben Abbildungen von Jesus finden sich darauf die verschiedensten Fabelwesen, Schlangen

und anderes Ungetier, dessen Bedeutung mir verborgen bleibt. Das Kreuz am Rastplatz „Cruceiro de Lameiros" kurz vor Ligonde zeigt zur Abwechslung gleich zwei Motive: Auf der einen Seite den Heiland in gewohnter Pose, auf der anderen die Jungfrau Maria, die ihren toten Sohn in den Armen hält.

Das Kreuz von Lameiros

Schon seit Triacastela überlege ich, wie ich meine Kräfte am besten einteilen kann, um mein Ziel zu erreichen. Viele Möglichkeiten habe ich nicht. Eine mehrtägige Verschnaufpause scheidet aus, da mein Rückflug bereits fest gebucht ist. Mit dem Gedanken, aufzugeben und vielleicht nächstes Jahr weiterzugehen, kann ich mich auch nicht anfreunden. Wer weiß, ob ich dann überhaupt noch dazu in der Lage bin, wenn mich der MP immer mehr einschränkt? So bleibt mir eigentlich nur die Option, meine Medikamentendosis zu erhöhen oder die eingeplante Zeitreserve zu nutzen, um meine tägliche Laufleistung zu reduzieren. Um die Wirksamkeit beider Maßnahmen zu erfassen, entwickle ich eine Tabelle, mit der ich meinen Kräfteverbrauch messen und darauf aufbauend meine weitere Route planen will. Als Kriterien ziehe ich die Streckenbeschaffenheit, meine Schrittlänge sowie meine Körperhaltung heran und beurteile diese jeweils zu den verschiedenen Tageszeiten:

	Vormittags	Mittags	Nachmittags
Strecken-charakter	Leicht	Leicht	Leicht
Schritt-länge	Anfangs normal, der „Akku" lehrt sich aber schon nach 1 bis 2 Stunden	Das Laufen geht in Stolpern über, ich muss sehr aufpassen	Die Schritte werden immer kürzer, das Schlurfen der Stiefel dröhnt mir in den Ohren
Körper-haltung	Zunehmender „Rechtsdrall"	Kraftlos, sonst geht es einigermaßen	Die schiefe Körperhaltung wird schlimmer und macht das Gehen fast unerträglich

Am Ende meiner kleinen „Studie" komme ich zu dem Ergebnis, dass die Reduzierung meiner täglichen Laufleistung meinen Körper zumindest ein wenig entlastet. Von der Medikamentenerhöhung spüre ich hingegen nichts. Meine Neurologin wird mir später erklären, dass es mindestens eine Woche dauert, bis sich eine Steigerung der Dosis bemerkbar macht.

Freilich arbeitet auch der Infekt gegen eine Verbesserung meines Zustands. So kommt etwa aus meinen Nasennebenhöhlen noch immer gelber Schleim. Ich habe Angst, dass der Bazillus meine Herzklappen angreifen könnte. Da ich die mir verschriebenen Medikamente unterwegs nur unregelmäßig und vor allem nicht zu den vorgegebenen Zeiten einnehmen kann, können diese ihre Wirkung auch nicht richtig entfalten. Folglich starte ich jeden Morgen schon kraftlos in den Tag. Aber mein Ansporn, Santiago zu erreichen, in der Kathedrale am Pilgergottesdienst teilzunehmen und den Segen zu empfangen, ist so stark, dass ich diesem Ziel alles andere unterordne.

Mittags, auf halber Strecke, bin ich bereits völlig erschöpft. Jeder Schritt fällt mir schwer. Auf dem großen Marktplatz von Palas de Rei finde ich eine Bar, wo ich auch etwas zu essen bekomme. Das Erklimmen des Barhockers bereitet mir einige Mühe. Immerhin komme ich durch die Pause wieder etwas zu Kräften.

Wenig später treffe ich an einer Weggabelung im Wald drei deutsche Frauen auf der Suche nach dem richtigen Pfad. Zu meiner Überraschung handelt es sich um Großmutter, Tochter und Enkelin, die hier gemeinsam die letzten 100 km des „Camino" gehen. Schnell entspinnt sich ein intensives Gespräch. Ich erfahre, dass sich die älteste der drei Damen die Pilgerreise zu ihrem 80. Geburtstag gewünscht hat. Natürlich interessiert mich, welches Motiv sie zu dieser körperlichen Anstrengung beflügelt, aber die Antwort bleibt offen.

Tochter und Enkelin kümmern sich rührend um die rüstige Seniorin und passen auf, dass sie sich nicht zu viel zumutet. Von Zeit zu Zeit nehmen sie ihr den Rucksack ab, den sie ansonsten tapfer trägt. Ich habe Mühe, mit der alten Dame, die das Tempo bestimmt, Schritt zu halten. Ich will mir jedoch keine Blöße geben und strenge mich sehr an, um nicht hinter die drei Frauen zurückzufallen.

Mein heutiges Ziel, die „Albergue Casa Domingo" in Ponte Campaña mit ihrer riesengroßen Jakobsmuschel am

Eingang, ist wunderschön und nach meinem Dafürhalten in jeglicher Hinsicht die beste Herberge auf dem ganzen Weg. Der „Hospitalero" freut sich sehr, als ich ihm dieses Kompliment ausspreche. Sein ehemaliger Bauernhof ist aber auch zu urig. Überall finden sich knarrende Dielen, schwere Holzbalken und altes, unverputztes Mauerwerk. Ich muss ständig aufpassen, dass ich mir nicht irgendwo den Kopf stoße.

Ankunft an der „Casa Domingo" in Ponte Campaña

Auf meine Frage, ob ich wegen meiner Hustenanfälle ein Einzelzimmer bekommen könnte, um meine Mitpilger nicht zu stören, bietet mir der Herbergsvater ein Zimmer im Gebäudeinneren ohne Fenster an, das ich gern annehme. Es ist, wie der Rest des Hauses, liebevoll mit alten Gegenständen eingerichtet. Dass ich mir das Bad mit den Gästen im Nachbarzimmer teilen muss, mindert meine Freude nicht, schließlich bin ich das schon gewohnt.

Neben der jungen Frau, die ich in O Cebreiro ihre kleine Tochter im Sportbuggy umherschieben sah, treffe ich hier auch meine Pilgerfreunde Elke und Paul aus San Bol wieder. Nach einer überschwänglichen Begrüßung tauschen wir uns lange über unsere Erlebnisse und Begegnungen aus. Leider drängt sich nach einer Weile ein sehr unangenehmer deutscher Mitpilger in unsere Runde, der uns mit seiner rechthaberischen Art ein wenig das Wiedersehen verdirbt.

Auf der großen Wiese hinter dem Haus erhole ich mich später in der Abendsonne von den Strapazen des Tages. Dabei bin ich trotz all der Menschen um mich herum für mich allein. Mir ist aber auch nicht nach großen Diskussionen oder gar Selbstdarstellungen, wie sie vom Nachbartisch herüberklingen. Ich bin müde und will meine Ruhe.

Immer wieder drehen sich meine Gedanken um die Frage, was noch vor mir liegt und ob ich bis Santiago durchhalten werde. Ich fühle mich wie in einem Hamsterrad. All meine Überlegungen aus der „Flow"-Phase – die Achtsamkeit, das „Siegergefühl", die Zuversicht – sind verweht wie Sand im Wind. Mein Pilgersein reduziert sich nur noch auf das Wesentliche: überleben, durchkommen, ankommen – egal wie. Aus meiner Wanderung ist eine Prüfung geworden. Doch wo ist meine Unabhängigkeit vom MP geblieben, derer ich mir so sicher schien? Stattdessen hat mich die Krankheit wieder voll im Griff. Mein Theoriegebäude, das ich mir auf dem Weg nach Viana so schön zurechtgelegt hatte, ist eingestürzt wie ein Kartenhaus, getroffen von der Wucht der Realität.

Die „Albergue Casa Domingo" ist eine der wenigen auf dem Weg, die ein Abendessen anbietet. Sonst besteht allerdings auch weit und breit keine andere Möglichkeit der Verköstigung. Die große, U-förmige Tafel ist fürstlich gedeckt mit einem weißen Tischtuch, Servietten und glänzendem Porzellan. Als Vorspeise wird wahlweise eine regionaltypische Spinat- oder eine Kohlsuppe gereicht. Das Hauptgericht besteht aus Fleisch, Fladenbrot und Salat. Dazu gibt es einen guten roten Tafelwein aus dem Keller des Hauses. Es ist bewundernswert, was die Küche für den üblichen Pilgermenü-Preis von 10 € da zaubert.

Neben mir sitzen meine Pilgerfreunde, uns gegenüber ein zurückhaltender Schweizer, der im Laufe des Abends jedoch zusehends auftaut. Die Gespräche kreisen wie üblich um den Weg, das „Woher" und „Wohin", die Motive und gesammelten Erfahrungen sowie natürlich die erlaufenen Blasen und andere „Pilgerplagen". Ich muss an meinen Parkinson denken und frage mich mal wieder, was ich auch meinen Mitpilgern damit zumute. Als mir die Serviette herunterfällt, bücken sich meine Tischgenossen sofort danach, um mir zu helfen. Welch kläglichen Eindruck ich doch auf sie machen muss. Gleichzeitig verspüre ich einmal mehr, dass ich nicht allein bin, sondern der Hilfe meiner Mitmenschen gewiss sein darf. Dieser Gedanken tröstet mich, schürt aber auch meine Zweifel, ob ich mich dem öffnen kann – wenn sich meine Füße nicht mehr heben lassen, wenn aus Laufen Stolpern wird, mein Körper aus der Balance gerät, sich kraftlos anfühlt und mich mein Rucksack zu Boden drückt.

Die darauffolgende Nacht verläuft abermals unerquicklich. Ich habe so schwere Hustenanfälle, dass ich teilweise nur noch ein dumpfes Röcheln zustande bringe. Es hört sich furchtbar an. Das bestätigen mir am nächsten Morgen auch meine Pilgerfreunde, die meinetwegen ebenfalls kaum Schlaf finden konnten, was mir sehr leidtut.

Tag 33

Datum	24.05.2015	Wegstrecke	17 km
Zielort	Boente	Ø-Tempo	3,6 km/h
Herberge	Albergue Boente	Gesamtzeit	9 h

Das Packen des Rucksacks dauert heute wieder eine gefühlte Ewigkeit. So bin ich einer der letzten, die sich auf den Weg machen. Frühstück gibt es erst im 2 km entfernten Weiler Casanova. Als ich dort ankomme, sind meine Mitpilger bereits fertig. Auch die drei Damen, denen ich mich eigentlich anschließen wollte, sind schon wieder auf dem Sprung und möchten nicht auf mich warten. Ich bin ein wenig enttäuscht, sehe aber ein, dass ich sie ohnehin nur aufgehalten hätte.

Die Strecke ist an diesem Tag an sich recht angenehm und nicht allzu schwer. Doch was gesunden Pilgern keine Probleme bereiten dürfte, wird für mich schnell zur Belastungsprobe. Ich kann meine Beine kaum noch heben, weshalb meine Füße im Sand schlurfen. Mein Körper entwickelt außerdem erneut einen starken „Rechtsdrall", dem ich nur mit großer Mühe entgegensteuern kann. Das Laufen wird dadurch enorm anstrengend und ich komme nur äußerst langsam voran.

Die Erhöhung der Medikamentendosis zeigt bislang keine Wirkung. Auch haben die Hustenattacken und der Schnupfen kaum nachgelassen. Meine innere Stimme schimpft mit mir: „Du hättest Dir zwei oder drei Tage Erholung gönnen sollen." Doch so viel Reserve sieht mein Reiseplan nicht vor. Ich muss daher irgendwie versuchen, durchzuhalten und nach vorne zu schauen. Stur wie ich bin, will ich unbedingt die gesamte Strecke bis zum Ende gehen – trotz aller Belastungen, die damit verbunden sind.

Als ich in ein Tal hinabschreite, sehe ich in der Ferne eine ältere Pilgerin mit einem voll beladenen Rollator. Ob sie ihn als Gepäckträger oder Gehhilfe benutzt, vermag ich nicht zu erkennen. Ich beobachte, wie sie versucht, eine kleine Bachrinne zu überqueren. Da die Räder ihres Gefährts jedoch zu klein sind, bleibt sie immer wieder damit stecken, bis zwei andere Pilger ihr schließlich helfen.

Auf den ersten Blick erscheint mir das Verhalten der alten Dame egoistisch und etwas rücksichtslos ihren Mitpilgern gegenüber, ist sie doch bei jedem schwierigeren Wegstück auf deren Unterstützung angewiesen. Meine „360°-Perspektive", die ich in der Herberge von Ferreiros so großspurig proklamiert habe, mahnt mich aber, erst einmal alle Umstände zu erfassen, bevor ich mir ein Urteil erlaube. Vielleicht ist es ja gerade ihr Ziel, zu lernen, die Hilfe anderer anzunehmen, und zu spüren, dass sie nicht allein ist, sondern dass sich Gottes Segen im Beistand ihrer Mitpilger zeigt.

2013 traf ich auf der „Via Podiensis" einen gehbehinderten Pilger, der mit einem Begleiter in einer Art „Mini-Pferdekutsche" unterwegs war. Das Gespann konnte nur der Straße folgen, was sich angesichts des regen Verkehrs als nicht ganz ungefährlich erwies. Zudem waren nur wenige Herbergen auf derartige Reisende eingerichtet. Doch selbstverständlich haben Kranke oder Behinderte ebenso das Recht zu pilgern. Nicht selten – wie auch in meinem Fall – ist die eigene Erkrankung sogar ein wesentlicher Beweggrund dafür. So lassen sich in Lourdes regelmäßig Kranke zur Mariengrotte tragen, um dort um Erlösung von ihren Beschwerden zu bitten. Der Jakobsweg stellt allerdings ungleich höhere Anforderungen an die Pilger, allein schon aufgrund seiner Länge und Beschaffenheit sowie der klimatischen Bedingungen. Es gibt daher ganz pragmatische Gründe, den Weg bei guter Gesundheit zu gehen.

Insofern muss auch ich mich fragen, ob ich nicht genauso egoistisch bin wie die alte Dame mit ihrem Rollator und anderen Menschen mit meinem Vorhaben zur Last falle. Ich denke da vor allem an meine Familie, die in ständiger Sorge, ja Angst, um mich lebt, oder an meine Pilgerfreunde, die in den Herbergen auf mich warten.

Vor dem Beginn meiner Wanderung habe ich lange überlegt, ob ich mir nicht zu viel zumute. Aufgrund meiner Erfahrungen in der Schweiz und in Frankreich kam ich aber letztlich zu dem Schluss, dass ich den Weg aus eigener Kraft bewältigen kann. Nun plagen mich jedoch Selbstzweifel. Bin ich vielleicht doch zu stolz, Hilfe zu akzeptieren? Immer wieder habe ich sie abgelehnt, wie etwa bei dem spanischen Pilger in La Faba, der mir anbot, meinen Rucksack zu tragen. Ich versuche mich in die Jakobspilger im Mittelalter hineinzuversetzen, die sich ganz anderen Beschwerlichkeiten und Bedrohungen ausgesetzt sahen. Viele von ihnen wurden auf dem Weg krank oder kamen sogar zu Tode. Sie alle waren auf die Hilfsbereitschaft ihrer Mitmenschen angewiesen. Ich habe dennoch ein schlechtes Gewissen, weil ich genau das, nämlich Unterstützung von Dritten in Anspruch zu nehmen und sie damit – zumindest gefühlt – auszunutzen, unbedingt vermeiden wollte. Andererseits darf ich die Fürsorge meiner Mitpilger als ein Geschenk Gottes begreifen. Das tröstet mich ungemein, auch wenn ich weiterhin denke, dass man Geschenke nicht überstrapazieren sollte.

An einer Brücke über den Río Seco macht ein Mitpilger ein Foto von mir. Es zeigt, in welch schlechtem Zustand ich mich befinde: Mein Gesicht wirkt eingefallen und leer, mein

Haar ist zerzaust, der Bart sprießt wild, ich sehe müde und gebrechlich aus. Obendrein stehe ich völlig schief, mit einem ausgeprägten Hang nach rechts – ein klares Zeichen meiner Erschöpfung und des MP, der zunehmend Besitz von mir ergreift. Als ich mir das Bild später ansehe, erschrecke ich vor mir selbst.

**Ein Bild, das alles sagt: Der Autor
auf der Brücke über den Río Seco**

Nach mir endlos erscheinenden Kilometern erreiche ich kurz vor Melide die „Puente de San Xoán". Die etwa 50 m lange mittelalterliche Bogenbrücke über den Río Furelos gilt als einer der schönsten auf dem gesamten „Camino". Die Bar am anderen Flussufer ist gut besucht. Die Gäste, überwiegend Pilger, sind fröhlich und laut. Mein Körper verlangt nach einer

Rast, doch ich habe keine Zeit, denn bis zu meinem Tagesziel ist es noch ein gutes Stück. Ehe ich weiterziehe, will ich
aber zumindest der kleinen Kirche gegenüber noch einen Besuch abstatten. Das Erklimmen der hohen Stufen zu deren
Eingang gerät zum Balanceakt. Ich habe Angst, das Gleich-
gewicht zu verlieren und zu stürzen. Innen ist es angenehm
kühl. Bevor ich die obligatorische Kerze anzünde und für eine
gesunde Ankunft in Santiago bete, ruhe ich mich erst einmal
kurz aus.

Die „Puente de San Xoán" in Furelos

Während ich den Augenblick der Besinnung genieße, schwirrt mir ein Bild meiner Wanderung auf der „Via Gebennensis" durch den Kopf: Ich pilgerte damals entlang der Rhone von Seyssel nach Yenne. Es war unerträglich heiß, über 35 °C. Noch einige Kilometer lagen vor mir, doch mein Körper wollte nicht mehr, ich war am Ende meiner Kräfte. Also setzte ich mich an den Straßenrand und winkte, in der Hoffnung, dass mich jemand mitnähme, den vorbeifahrenden Autos zu. Aber niemand hielt an. Nach einer halben Stunde vergeblichen Wartens auf einen „rettenden Engel" blieb mir schließlich nichts anderes übrig, als weiterzugehen. Und ob- wohl meine „eiserne Ration" längst aufgebraucht und meine Trinkflaschen leer waren, hielt ich durch und erreichte letzten Endes mein Ziel.

Mit dieser positiven Erinnerung im Hinterkopf mache ich mich auf ins Zentrum von Melide, wo gerade ein großer Klei- dermarkt stattfindet. Es ist Pfingstsonntag und die ganze Stadt ist auf den Beinen. Ich lasse mich in einer Bar nieder, um das Treiben zu beobachten und mich ein wenig zu erho- len. Peer, ein junger Pilger aus Paderborn, leistet mir eine Weile Gesellschaft. Wir reden über „Gott und die Welt", un- sere Ziele und was wir bislang auf dem Weg so erlebt haben. Peer ist noch keine Dreißig und gut zu Fuß. Bis zu seinem Ziel, dem Kap Finisterre, plant er dieselbe Zeit ein wie ich für die nicht einmal halb so lange Strecke nach Santiago. Auch ihm fällt mein schleppender Gang auf. Ich erzähle ihm von meiner Erkrankung und dass ich anderen damit nicht zur Last fallen möchte. Er tröstet mich damit, dass es doch selbstver- ständliche Pilgerpflicht sei, sich gegenseitig zu unterstützen und füreinander da zu sein. Das tut mir gut. Aber ich ärgere mich auch darüber, wie blind und stolz ich war, diese Hilfe bislang immer abzulehnen.

Der Weg aus Melide ist angenehm überschattet von hohen Bäumen. Mein „Rechtsdrall" ist indessen kaum noch zu beherrschen und macht das Gehen zur Qual. Entsprechend langsam komme ich nur voran. Nach ein paar Kilometern beobachte ich erneut, wie die Blätter flirrende Schatten auf den Boden werfen. Mit einem Mal frage ich mich, ob dieses Flirren tatsächlich von dem im Wind wehenden Laub stammt oder sich nur in meinem Kopf abspielt. Halluziniere ich etwa? Die Alarmglocken meines Verstandes fangen an zu läuten. Jetzt wird es gefährlich für mich. So kann es auf keinen Fall weitergehen. Doch der Gedanke an Santiago treibt mich voran.

Wenig später habe ich ein weiteres Erlebnis, das mir eine Entscheidung darüber abverlangt, wie ich meine Wanderung fortsetzen will: Ich stoße auf einen Bach, über den anstelle einer Brücke eine Reihe großer Granitblöcke führt, die zum anderen Ufer hin immer schmaler werden. Ich spüre, dass ich mit meinen wackeligen Beinen vermutlich nicht heil auf die andere Seite gelangen werde, zumal ich auf den Felsbrocken meine Stöcke nicht einsetzen und mich auch nicht anderweitig abstützen kann. Ein drohender Sturz könnte angesichts der Höhe der Steine fatale Folgen für mich haben. Daher zögere ich und überlege, was ich tun soll. Eine Alternative wäre, neben den Steinen durch den Bach zu waten. Er scheint mir nicht sonderlich tief und die Strömung auch nicht allzu stark. Allein der glitschige Untergrund bereitet mir Sorge. Während ich noch darüber nachdenke, nehmen mir zwei andere Pilger, die sich als das spanische Ehepaar herausstellen, mit dem ich am Abend zuvor in der „Casa Domingo" zu Tisch saß, die Entscheidung ab und lösen mein Problem, indem sie mir ihre Hände reichen und mich sicher auf die andere Seite geleiten. Ich bin erleichtert und dankbar für ihre Hilfe, die mir einmal mehr bewusst macht, dass ich in schwierigen Situationen bisher stets auf eine helfende Hand vertrauen konnte. Dennoch signalisieren mir die beiden jüngsten Ereignisse auch, dass ich dem Zusammenbruch nahe bin und meinen Marsch in dieser Verfassung nicht länger fortsetzen sollte.

Kurz vor Boente komme ich an einem deutschen Café vorbei, das treffenderweise den Namen „El Alemán" – „Der Deutsche" – trägt. Zu gern würde mein „innerer Schweinehund" dort einkehren und sich mit Kaffee und Kuchen stärken, doch meine Sturheit verhindert dies. Ich will den Weg hinter mich bringen und endlich ankommen. Jede weitere Pause würde meine „Durststrecke" bloß verlängern.

Unter Aufbietung meiner letzten Kräfte erreiche ich nur wenig später die „Albergue Boente" im Zentrum des gleichnamigen Dorfes. Nachdem ich mich gepflegt und etwas erholt habe, sehe ich mir die gegenüberliegende „Igrexa de Santiago" mit ihren zahlreichen Heiligenfiguren an.

Zurück in der Herberge begegnet mir die junge Pilgerin mit dem Sportbuggy wieder, die mir schon in O Cebreiro und Ponte Campaña aufgefallen ist. Während wir zu Abend essen, unterhält ihre zweijährige Tochter den gesamten Speisesaal. Mit ihrer fröhlichen und offenen Art gewinnt sie schnell die Herzen der anderen Pilger.

Die Strapazen der Wanderung scheinen der Kleinen nichts auszumachen. Für sie ist der Weg ein großes Abenteuer. In ihrem bequemen Kinderwagen schläft sie sogar, wenn es über Stock und Stein geht. Ihre Mutter lässt ihr zwischendurch aber auch immer wieder genügend Zeit zum Spielen. Unterwegs gibt es zudem viel zu sehen, nicht nur andere Menschen, Kreuze und Kirchen, sondern auch die verschiedensten Tiere und Blumen am Wegesrand. Vermutlich bekommt sie von alledem mehr mit als ich.

Ihre Mutter frage ich, warum sie sich ausgerechnet mit Kind auf solch ein Abenteuer begibt. Vor allem der Aufstieg nach O Cebreiro sei ja wahrlich kein Spaziergang! Sie führt private Gründe und die Suche nach einem neuen Lebensentwurf an. Und da sie ihre Tochter niemand anderem anvertrauen wollte, habe sie sie kurzerhand mitgenommen. Womit wir wieder bei meiner „360°-Perspektive" wären…

Tag 34

Datum	25.05.2015	Busfahrt	8 km
Zielort	Arzúa	Ø-Tempo	---
Herberge	Albergue Ultreia	Gesamtzeit	---

In den vergangenen schlaflosen Nächten habe ich immer wieder mit mir gerungen, wie ich weitermachen soll. Dabei habe ich mir sowohl die Bedeutung des Weges für mich als auch die Konsequenzen eines potenziellen körperlichen Zusammenbruchs vor Augen geführt. Aus Sicht der Vernunft ist die Angelegenheit klar: Ich sollte aufhören, nach Hause fahren und im nächsten Jahr noch einmal versuchen, den Weg zu Ende zu gehen. Immerhin habe ich auch eine Verantwortung meiner Familie gegenüber. Mein Gefühl sagt mir jedoch, dass ich nun, so kurz vor dem Ziel, nicht einfach aufgeben darf. Wer weiß denn schon, ob ich in einem Jahr überhaupt noch laufen kann oder womöglich bereits im Rollstuhl sitze. Mein innerer Wettstreit wogt hin und her. Mal obsiegt die Vernunft, mal das Gefühl. Schlussendlich entscheidet mein Körper. Er kann nicht mehr, er streikt. Damit sind die Würfel gefallen. Ich werde nicht mehr weiterwandern, das wäre einfach zu riskant. Stattdessen werde ich für die verbleibenden 50 km nach Santiago den Bus nehmen, wobei ich mir die Abschnitte so einteile, als ob ich sie erwandern würde. Dies hat vor allem zwei Gründe: Zum einen habe ich jetzt, da ich nicht mehr laufen muss, genügend Zeit, um mir noch ein wenig Land und Leute anzusehen. Zum anderen will ich mir die noch fehlenden Stempel in meinem Pilgerausweis holen, um meine Wanderschaft lückenlos nachweisen und in Santiago die ersehnte Pilgerurkunde in Empfang nehmen zu können. Schließlich steht dieses Dokument symbolisch für all meine Erlebnisse, Erkenntnisse und Begegnungen auf dem Weg und ist deswegen von großer Bedeutung für mich.

Ich begebe mich also nach dem Frühstück an die nächstgelegene Haltestelle und warte auf den Bus. Unterdessen regt sich wieder der „kleine Mann" in meinem Ohr: „Die 8 km bis Arzúa wirst Du ja wohl noch laufen können. Du hast doch schon ganz andere Strecken gemeistert." Ich komme ins Grübeln, ob ich nicht vielleicht doch zu Fuß weitergehen sollte, bleibe aber standhaft. Die anschließende Busfahrt gibt mir recht. Es geht die ganze Zeit bergauf und bergab. In meinem Zustand wäre ich damit gewiss überfordert gewesen.

Im Bus setzt sich ein altes Mütterchen zu mir. Sie fragt mich auf Spanisch, ob ich zum Beten nach Santiago wolle. Ich kratze meinen Wortschatz zusammen und bejahe, woraufhin sie mit ihren Fingern Schritte nachahmt und mich strafenden Blickes belehrt: „Nix coche[34]!" Auch meinen Einwand, dass ich krank sei und deshalb nicht laufen könne, lässt sie nicht gelten. So viel zum Thema „vorschnelles Urteilen"…

Im Vorbeifahren erblicke ich erneut die alte Frau mit dem Rollator, die ich schon am Vortag beim Überqueren eines kleinen Baches beobachtet hatte. Mühsam schiebt sie ihr Gefährt einen Berg hinauf. Ich bin froh, dass ich mir das heute

---

[34] Spanisch: „Auto"

nicht antun muss. Mein Allgemeinzustand wäre dafür auch zu schlecht. Mein ganzer Körper zittert, ich kann mich wegen des MP-bedingten „Rechtsdralls" kaum mehr aufrecht halten. Bis zur Ankunft in Arzúa versuche ich daher, ein wenig zu schlafen.

Am Ziel angekommen, raffe ich mich zu einem kleinen Stadtbummel auf, wobei ich – sei es nun durch Zufall oder höhere Fügung – auf ein „Centro de Salud" stoße. Spontan entschließe ich mich, dem dringenden Rat meiner Frau zu folgen und nochmals einen Arzt zu konsultieren. Der für mich zuständige Mediziner spricht erfreulicherweise fließend Englisch und stellt nach gründlicher Untersuchung eine beruhigende Diagnose: Meine Lunge ist in Ordnung, das Herz nicht angegriffen und die Sauerstoffsättigung liegt bei fast 100 %. Vorsichtshalber verschreibt er mir aber noch ein paar Antibiotika, die einen möglichen Rückfall verhindern sollen.

Danach suche ich die „Albergue Ultreia" auf, wo ich mich im Garten unter wehender Wäsche erhole. Hierbei lerne ich die 70-jährige Micheline aus Nantes kennen, die trotz ihres fortgeschrittenen Alters eine solche Stärke und Lebensfreude ausstrahlt, dass ich angesichts meines desolaten Zustands fast ein wenig neidisch werde. Am Ende eines herzlichen „Pilger-Smalltalks" gibt sie mir noch einen Übernachtungstipp für Santiago mit auf den Weg, den ich gern annehme. Sofort rufe ich in der genannten Unterkunft an und reserviere dort für den übernächsten Tag ein Zimmer.

Als wir uns später beim Abendessen wiedertreffen, registriert sie, wie ich ohne Kraft in den Händen verzweifelt an meinem Fleisch „herumsäbele". Meinen diesbezüglichen Einwand, dass mein Messer offenbar stumpf sei, lässt sie freundlich lächelnd im Raume stehen. Nachdem ich irgendwann gar nicht mehr zurechtkomme, greift sie mir unter die

Arme, indem sie mir das Fleisch wie selbstverständlich auf-
schneidet. Ich bin dankbar für ihre Hilfe, schäme mich aber
zugleich auch meiner Schwäche.

Tag 35

Datum	26.05.2015	Busfahrt	20 km
Zielort	O Pedrouzo	Ø-Tempo	---
Herberge	Albergue Otero	Gesamtzeit	---

Am nächsten Morgen sitze ich wieder an einer Haltestelle und
warte auf den Bus in Richtung Santiago. Wie Zugvögel ziehen Pilger in Scharen an mir vorbei. Mir wird schwer ums
Herz. Wie gern würde ich mich ihnen anschließen und mein
Ziel aus eigener Kraft erreichen.

Ich sinniere darüber, was all diese Menschen wohl antrei-
ben mag und inwiefern sich die Beweggründe der „Langstre-
ckenpilger" wie mir von denen der „100 km-Läufer", die erst
bei Sarria in den „Camino" einsteigen, unterscheiden. Auch
frage ich mich, was eigentlich mein Antrieb ist. Ich habe viele
gute Argumente, aber kenne ich auch mein wirkliches Motiv?

Meine Medikamenteneinnahme habe ich wieder auf die
ursprüngliche Tagesration zurückgefahren, da deren Erhöhung nicht die erhoffte Verbesserung brachte. Somit reicht
mein Tablettenvorrat nun aus, um die Dosis bis zu meiner
Heimreise konstant zu halten. Allerdings fühle ich mich nach
wie vor „klapprig". Die Krankheit zeigt mir unmissverständlich,
wer der „Herr im Hause" ist. Sie zwingt mich zur Akzeptanz.
Trotzdem hadere ich mit mir. Was ist aus meinen Vorstellun-
gen zum Umgang mit dem MP geworden ist, die ich mir in der
„Flow"-Phase überlegt hatte und von denen ich so überzeugt
war? Meine Vision, dass ich mich mit Gottes Hilfe gegenüber

der Krankheit behaupten kann, hat durch meine Aufgabe einen herben Dämpfer erlitten. Am liebsten würde ich mich in ein Mauseloch verkriechen. Aber ich darf mich nicht hängen lassen, will die Hoffnung nicht aufgeben, denn das hieße, mich selbst aufzugeben. Und immerhin gibt es genügend Beispiele – nicht nur in der Bibel –, bei denen sich die Hoffnung auf ein gutes Ende letztlich doch noch erfüllt hat.

Nach einer rund 30-minütigen Busfahrt erreiche ich gegen Mittag O Pedrouzo. Das kleine Dorf zieht sich ewig an der Nationalstraße N-547 entlang, bietet aber dennoch wenig. Das Einchecken in der Herberge besorgt ein etwa 10 bis 12 Jahre alter Junge. Er macht das den ganzen Nachmittag bis in die Abendstunden hinein. Nebenbei erledigt er noch seine Schularbeiten und beaufsichtigt seinen kleinen Bruder. Der Junge tut mir leid, weil er so ausgenutzt wird. Aber das ist meine Sicht. Vielleicht macht er den Job ja gern und verdient sich damit ein Taschengeld. Die „360°-Perspektive" lässt grüßen…

Unter den Ankommenden ist auch Jan aus Hannover. Er ist in der Kirche aktiv und insofern glaubensmäßig „vorbelastet". Wir machen es uns im Garten der Herberge bequem, genießen das milde Lüftchen unter den schattenspendenden Bäumen und unterhalten uns lang über das Pilgern, seine Entstehung und die Gründe dafür. Ich erzähle ihm die Geschichte von Bischof Godescalc aus Le Puy-en-Velay, der sich um das Jahr 950 herum quasi als erster Pilger von nördlich der Pyrenäen nach Santiago aufmachte und damit der Pilgerbewegung in den folgenden Jahrhunderten einen wesentlichen Impuls gab. Vordergründig ging es ihm dabei um den Glauben, aber wie so oft bei solchen Unternehmungen, steckten vermutlich auch politische Interessen dahinter – in diesem Fall die Befreiung Spaniens von den Mauren.

Für Jan und mich steht hingegen eindeutig der Glaubensaspekt an erster Stelle. Wir stimmen darin überein, dass der Weg jeden, der ihn geht, geradezu drängt, nach Gott zu suchen. Nicht umsonst heißt es zu Beginn der zweiten Strophe des bekannten französischen Pilgerliedes „Ultreia":

„Chemin de terre et chemin de foi" –
„Weg der Erde und Weg des Glaubens"

Natürlich ist auch Jan mein schleppender Gang, meine gebeugte Haltung und meine Langsamkeit aufgefallen. Ich erzähle ihm von meiner Krankheit und wie ich damit umgehen will. Ausführlich diskutieren wir meinen Ansatz, mein Heil im Glauben zu suchen. Kirchenmann, der er ist, bestärkt er mich darin, diesen Weg weiterzugehen.

Die folgende Nacht verläuft abermals unruhig. Gleich mehrfach drückt die Blase. Zum Glück habe ich ein Bett direkt neben der Tür. Allerdings ist mein Schlafsack nach jedem Aufstehen dermaßen verdreht, dass es eine gefühlte Ewigkeit dauert, bis ich ihn wieder entwirrt habe und hineinschlüpfen kann. Erholsamer Schlaf stellt sich so nur schwerlich ein.

Mein Resümee der 3. Phase

Die vergangenen zweieinhalb Wochen haben nicht nur meine physischen Kräfte, sondern auch mein Selbstwertgefühl, meinen Glauben und meine Vorstellung vom richtigen Umgang mit dem MP auf eine harte Probe gestellt. Dabei waren die Zeichen der Überanstrengung und zunehmenden Erschöpfung bereits gegen Ende der 2. Phase unverkennbar. Die in León aufgekommene schwere Bronchitis sorgte für eine weitere Verschlechterung meines Allgemeinzustands, wodurch sich ein profunder Nährboden für den MP bot. In der Folge entwickelte ich einen ausgeprägten „Rechtsdrall", meine Feinmotorik ließ spürbar nach und erste Anzeichen des gefürchteten „Freezings" machten sich bemerkbar. Meine Hoffnung, die Lage durch eine zeitweilige Erhöhung meiner täglichen Tablettendosis zu verbessern, erfüllte sich leider nicht. Hin- und hergerissen zwischen „Aufgeben" und „Durchhalten" kämpfte ich mich dennoch weiter, bis mich mein Körper in Boente, rund 45 km vor Santiago, unmissverständlich zur Aufgabe zwang.

Das Eingestehen dieser Niederlage war schmerzhaft und ließ mich an meinen bisherigen Überlegungen zu Gott und meiner Erkrankung zweifeln. Ich musste lernen zu akzeptieren, dass ich an meiner Situation nichts ändern kann und es daher zwecklos ist, damit zu hadern. Das war eine wertvolle Lektion. Schließlich ist Akzeptanz eine notwendige Voraussetzung, wenn ich etwas oder mich selbst verändern will. In diesem Sinne sehe ich mich weiterhin auf dem richtigen Weg.

Phase 4 – „Ankunft" (Tag 36 - 38)

Ankommen heißt, einen Schlussstrich ziehen und Abschied nehmen von dem, was hinter einem liegt. Gleichzeitig bedeutet es aber auch einen Neuanfang. Nach 35 Tagen und mehr als 700 km Fußmarsch ist mein Ziel, auf das ich die vergangenen 5 Jahre hingearbeitet habe, nun endlich zum Greifen nah. Mein Blick richtet sich allerdings schon wieder nach vorn auf das, was mich als nächstes erwartet, nämlich die Rückkehr in das „normale" Leben. Das beginnt mit dem Wiedersehen mit meiner Familie und meiner Reintegration in deren Abläufe und Gewohnheiten. Zuvor stehen aber noch ein paar Tage in Santiago an, die mir diesen Übergang erleichtern sollen.

Tag 36

Datum	27.05.2015	Busfahrt	18 km
Zielort	Santiago de Compostela	Ø-Tempo	---
Herberge	Hospedería San Martín Pinario	Gesamtzeit	---

Beim Aufstehen brauche ich erneut viel Zeit. Während sich die anderen Pilger schon wieder auf den Weg machen, stellt mich das morgendliche Packen einmal mehr vor große Probleme. Mein Zustand bedrückt mich. Der MP und seine zahlreichen Symptome wie das typische Trippeln, die Unsicherheit beim Drehen, Aufstehen und Hinsetzen oder die flache, heisere Stimme mindern meine Vorfreude auf den bevorstehenden finalen Höhepunkt meiner Reise.

Gegen 8 Uhr nehme ich den ersten Bus nach Santiago. Wieder bin ich erleichtert, die Strecke nicht laufen zu müssen, weist sie doch erhebliche, in meiner Verfassung kaum zu bewältigende Steigungen auf. Am Busbahnhof von Santiago, etwas außerhalb der Innenstadt, ist für mich Endstation. Von hier aus will ich die letzten Kilometer bis zur Kathedrale zu Fuß gehen, um wenigstens ein bisschen ein Gespür dafür zu bekommen, wie es ist, diesen besonderen Ort auf traditionelle Weise zu erreichen, so wie ich es mir immer erträumt habe.

Die Umstellung vom ruhigen, friedlichen Landleben auf die hektische, hetzende Großstadt fällt mir nicht leicht. Ich vermisse den Blick in die weite Landschaft und die Stille der einsamen Feldwege. Mühsam laufe ich entlang dicht befahrener Straßen hinab in die Altstadt, wo mir die engen Gassen mit ihren alten, hohen Häusern die Orientierung erschweren. Für die Schönheit der historischen Gebäude habe ich indes kein Auge, mich zieht es nur zur Kathedrale, deren filigranen Türme ich immer mal wieder zwischen den Häuserlücken erspähen kann. Als ich dann endlich vor ihr stehe, bin ich zutiefst beeindruckt, ja geradezu erschlagen, von ihrer Größe und Schönheit. Beim Blick nach oben zu den Turmspitzen wird mir schwindlig, so dass ich mich gegen eine Hauswand lehnen muss. Ich lasse mir Zeit, bis ich mich sattgesehen habe. Vor allem bewundere ich die Arbeit der Steinmetze, die dieses Wunder der Baukunst dereinst mit einfachsten Hilfsmitteln errichteten. Ohne computergestützte Berechnungen wäre so etwas heute überhaupt nicht denkbar.

In einer Unterführung zur „Praza do Obradoiro", dem großen Platz hinter der Kathedrale, lausche ich einem Dudelsackspieler. Der getragene Klang seines Instruments macht mich wehmütig und bringt mich zum Weinen. Alte Erinnerungen aus meiner Jugend steigen in mir auf: Einen Dudelsack habe ich 1962 im schottischen Oban zum ersten Mal gehört. Sein sonores Brummen und Pfeifen konnte sich trotz der enormen Lautstärke kaum gegen den Lärm des über die Hafenmole hinwegpeitschenden Sturms durchsetzen. Auch muss ich an meine Ankunft in Le Puy-en-Velay am Ende der „Via Gebennensis" denken, wo ein junger Geiger auf der gewaltigen Freitreppe am Fuße der Kathedrale zauberhaft zarte, mich zutiefst berührende Weisen spielte.

Damals wie heute erfüllt mich die Musik mit Melancholie, verbinde ich mit ihr doch das Ende meiner Reise. Ich kann es nicht fassen, nach rund 800 km bin ich tatsächlich in Santiago angekommen! Fünf Wochen Pilgern bei Hitze, Kälte und Regen liegen hinter mir. Interessante Gespräche, fruchtbare Gedanken und Pilgerfreunde, die sich um mich sorgten – all das hat meine Selbstfindung, meinen Umgang mit dem MP sowie meinen Weg zu Gott geformt und die Weichen für einen neuen Lebensentwurf gestellt.

Zwar bin ich auch ein wenig deprimiert, weil ich mein Ziel gern vollständig aus eigener Kraft erreicht hätte, doch wird mir allmählich bewusst, welche Leistung ich in meinem Zustand vollbracht habe. Die Sehnsucht danach, es zu schaffen und letztlich hier an diesem Ort zu sein, war hierfür ein wesentlicher Motivations- und Erfolgsfaktor.

Nachdem ich eine ganze Weile auf den Stufen vor der Unterführung sitzend meinen Gedanken nachgehangen und den Dudelsackklängen gelauscht habe, mache ich mich auf zum Pilgergottesdienst in der bereits zum Bersten gefüllten Kathedrale. Glücklicherweise finde ich noch einen provisorischen Sitzplatz an einer Säule. Stehend würde ich kaum bis zum Ende der Messe durchhalten.

Leider ist auch dieser Gottesdienst nur auf Spanisch und Nichtkatholiken wie ich sind einmal mehr explizit vom Abendmahl ausgeschlossen. Dabei spielt die Konfession im Miteinander der Pilger auf dem Weg keine Rolle. Es wäre daher schön, wenn sich auch die katholische Kirche auf den Glaubensgrundsatz, dass vor Gott alle Menschen gleich sind, besinnen und dieses ökumenische Verhalten würdigen würde.

Zum Abschluss der Messe zünden Mönche noch den „Botafumeiro"[35], das berühmte große Weihrauchfass, an und schwenken ihn mit atemberaubender Geschwindigkeit durch das Hauptschiff, wodurch sich eine Wolke süßlich-herben Duftes über die Gläubigen ergießt. Im Anschluss daran reihe ich mich in die Schlange derjenigen ein, die die lebensgroße Statue des Heiligen Jakobus im Zentrum des Hochaltars berühren und sich so für dessen Schutz auf ihrer Pilgerreise

---

[35] Galicisch: „Feuerkessel"

bedanken wollen. Ich lege meine Hände auf seine Schultern und bete für das Wohl meiner Familie sowie für Kraft und Zuversicht im Umgang mit dem MP. Dieser Moment berührt mich so tief, dass ich abermals in Tränen ausbreche.

Mein nächster Weg führt mich ins Pilgerbüro, wo ich mir meine „Compostela" abholen möchte. Davor werde ich bereits von meinen Pilgerfreunden Elke und Paul erwartet, die angenommen haben, dass sie mich hier mit Sicherheit treffen würden. Nachdem sie mich in Ponte Campaña husten gehörten hatten, ließ ihnen die Sorge um meine Gesundheit keine Ruhe. Nun, da sie mich wiedersehen, sind sie sichtlich erleichtert. Vor Freude fallen wir uns in die Arme. Natürlich wollen sie wissen, wie es mir ergangen ist und bestätigen mich in meiner Entscheidung, für das letzte Stück des Weges den Bus genommen zu haben.

Anschließend stelle ich mich an, um meine Pilgerurkunde in Empfang zu nehmen. Ich bin ein wenig nervös, weil ich fürchte, der zuständige Pater könnte mich fragen, ob ich die letzten hundert Kilometer tatsächlich vorschriftsmäßig zu Fuß zurückgelegt habe.

Während ich langsam in der Schlange im Innenhof des Büros vorrücke, vergleiche ich meine Ankunft in Santiago mit der in Le Puy-en-Velay drei Jahre zuvor. Damals suchte ich ebenfalls das Pilgerbüro hinter der dortigen Kathedrale auf, wo es zwar keine „Compostela", dafür aber eine Jakobsmuschel gab, die ich mir aus einem großen Weidenkorb aussuchen durfte. Ich entschied mich für ein naturbelassenes Exemplar, das mit seinen Ungleichmäßigkeiten, Verfärbungen, Runzeln und Ausbrüchen für mich die Freuden und Mühen des Weges wie auch des Lebens symbolisierte.

Auf meinen weiteren Pilgerreisen wurde mir diese Muschel zu einem lieben und treuen Begleiter. Bis heute besitzt sie für mich einen besonderen Wert, habe ich sie mir doch weiß Gott hart erarbeitet. Wie schon für die Pilger im Mittelalter dient sie mir als Nachweis, dass ich mein Ziel erreicht habe. Zudem erinnert sie mich daran, was ich auf meinen Wanderungen alles erleben und auch lernen durfte. Mittlerweile hängt sie an einer Schnur aus Ziegenhaar über meinem Schreibtisch, gleich neben der „Compostela", die mir der Pater in Anblick meines lückenlosen Pilgerausweises letztlich ohne weitere Fragen ausstellt.

Auf dem Weg zu meiner Unterkunft treffe ich wenig später die deutsche Pilgerin, die ich beim Abendessen in der „Albergue O Mirallos" in Ferreiros kennengelernt habe. Sie erzählt mir, dass ihr unser Gespräch und meine Argumentation sehr viel gegeben und in gewisser Weise die Augen geöffnet hätte. Dadurch habe sie erkannt, wie wichtig es sei, über den Tellerrand zu blicken und eine Angelegenheit von mehreren Seiten zu betrachten, bevor man ein Urteil fällt. Dies werde sie als eine wesentliche Erkenntnis ihrer Pilgerreise mit nach Hause nehmen und in Zukunft beherzigen. Ich bin so sprachlos, dass ich kaum etwas darauf erwidern kann, freue mich aber, dass meine Überlegungen für sie hilfreich waren.

Auch das „Dreiergespann" aus Großmutter, Tochter und Enkelin, das mich auf dem Weg nach Ponte Campaña begleitete, begegnet mir noch einmal und gratuliert mir zu meiner erfolgreichen Ankunft. Ich bedanke mich höflich, bin aber auch etwas verlegen, weil ich weiß, dass ich auf den letzten Kilometern ein wenig „geschummelt" habe.

Als Nächstes rufe ich Verena an, um ihr zu sagen, dass ich angekommen bin. Sie ist erleichtert, meine Stimme zu hören. Zusammen mit Maria und Tobias ist sie wie geplant mit dem Bus zum Kap Finisterre gefahren. Gemeinsam freuen wir uns auf das bereits in Astorga verabredete Abendessen am nächsten Tag, das der „krönende Abschluss" unserer Pilgerreise werden soll.

Dann komme ich endlich zum Einchecken in der „Hospedería San Martín Pinario". Das zum gleichnamigen Kloster gehörende Gästehaus direkt hinter der Kathedrale ist wunderschön hergerichtet. Seine ehrwürdigen Mauern atmen eine mehr als vierhundertjährige Geschichte. Zu Hochzeiten des Pilgerns waren hier Laienprediger untergebracht, die die offiziellen Geistlichen bei der Bewältigung der Pilgermassen unterstützten. Ich bekomme ein kleines Zimmer unter dem Dach mit eigenem Bad und Ausblick auf die Kathedrale. Trotz der spartanischen Einrichtung ist es im Vergleich zu den Schlafsälen auf dem Weg der pure Luxus. Ich lege mich glücklich auf mein Bett und begebe mich zu einem ausgiebigen Mittagsschlaf in „Morpheus' Arme".

Mein Zimmer in der Hospedería: Eine ehemalige Mönchszelle – spartanisch, aber mit eigenem Bad!

Gegen 19 Uhr treffe ich mich mit Elke und Paul zu einem spirituellen Kirchenrundgang, der von einem Pilgerpfarrer der Diözese Rottenburg-Stuttgart angeboten wird. Seine lockere,

authentische Art weckt sofort mein Vertrauen. In seinen Aus-
führungen, bei denen er erwartungsgemäß Jakobus in den
Mittelpunkt stellt, aber auch die Spiritualität des Jakobsweges
thematisiert, geht er weit über das Historische hinaus und eröffnen mir dadurch Blickwinkel, die in keinem Reiseführer stehen. Am Ende lädt er alle Teilnehmer noch für den nächsten
Morgen zum Gottesdienst in die Kathedrale ein.

Zusammen mit meinen Pilgerfreunden begebe ich mich
alsdann in den stilvollen Speisesaal der „Hospedería", wo uns
ein exzellentes Pilgermenü erwartet. Dabei sehe ich an einem der Nachbartische Micheline, die mir in Arzúa den Tipp
für diese Unterkunft gegeben hat. Als auch sie mich entdeckt,
kommt sie freudestrahlend zu mir herüber, umarmt mich und
gratuliert mir herzlich zur Erreichung meines Ziels. Ihre Anteilnahme geht mir so nahe, dass ich mir nur mit Mühe die
Tränen verkneifen kann.

Tag 37

Datum	28.05.2015
Ort	Santiago de Compostela
Herberge	Hospedería San Martín Pinario

Pünktlich um 8 Uhr finde ich mich mit etwa 30 anderen Pilgern in einer kleinen Seitenkapelle der Kathedrale zu einem
ökumenischen Gottesdienst in deutscher Sprache ein. Geleitet wird er von jenem Priester, dessen detailreicher Kirchen-
führung ich am Abend zuvor bereits beinwohnen durfte.
Seine Predigt berührt mich sehr, hat sie doch mit der Suche
der Pilger nach Gott und sich selbst ein Thema, das auch
mich auf meiner Wanderung intensiv beschäftigt hat. Bei den
anschließenden Fürbitten kann jeder vorbringen, was ihn

bewegt. Nach anfänglichem Schweigen bricht schließlich einer der Teilnehmer den Bann und trägt seine Fürbitte vor. Die Gemeinde antwortet feierlich mit „Herr, wir bitten Dich." Auch ich spüre das Bedürfnis, etwas zu sagen, traue mich aber nicht, frei zu sprechen. Lieber möchte ich mich vorbereiten, die richtigen Worte wählen, damit ich nicht zu ausschweifend werde und auch jeder den Kern meiner Fürbitte versteht.

Nach dem Gottesdienst bummele ich ein paar Stunden durch die Altstadt und kaufe Mitbringsel ein, auch wenn mir mein geschwächtes Immunsystem und die Erschöpfung durch den MP nach wie vor zu schaffen macht. Als ich noch einmal die Kathedrale aufsuche, um Jakobus um seinen Schutz zu bitten, sehe ich dort zufällig meine Pilgerfreunde Maria und Tobias zu dessen Statue aufsteigen. Ich renne ihnen hinterher, so schnell ich eben kann, und erwische sie gerade noch am Kirchenausgang. Kurz darauf findet sich auch Verena ein, so dass unser Quartett wieder vereint ist. Wir sind glücklich, uns wiederzusehen und haben uns unendlich viel zu erzählen.

Den Abend verbringen wir wie verabredet in einem urigen Restaurant in der Altstadt und feiern bei lokalen Spezialitäten und Rotwein das Ende unserer gemeinsamen Reise. Wehmut liegt in der Luft, wird uns der Alltag doch schon bald wieder einholen. Ich fliege am nächsten Tag zurück nach Deutschland, die drei anderen folgen mir einen Tag später.

Tag 38

Datum	29.05.2015	Rückflug[36]	1.730 km
Zielort	Meersburg	Flugzeit	3 ¾ h

Trotz meiner bevorstehenden Rückreise sitze ich um 8 Uhr erneut im Frühgottesdienst. Diesmal bin ich vorbereitet. Auf einem kleinen Zettel habe ich mir meine Fürbitte notiert: „Herr, ich bitte Dich: Gib meiner Familie die Kraft, trotz aller Widrigkeiten zuversichtlich in die Zukunft zu schauen."

Im Anschluss an den Gottesdienst gehe ich auf der Suche nach geistlichem Zuspruch zur Beichte. Als der diensthabende Priester sieht, wie gebrechlich ich bin, eilt er aus seinem Beichtstuhl, um mir das Knien zu ersparen. Gemeinsam setzen wir uns auf eine Kirchenbank. Ich erzähle ihm von meiner Erkrankung und dass ich auf dem „Camino" nach einem Weg gesucht hätte, mit ihr umzugehen. Auch bitte ich ihn um seine priesterliche Einschätzung, inwieweit ich mit meinen Überlegungen hierzu richtig liege und wie mich mein Glaube auf meinem weiteren Weg unterstützen könnte. Er überlegt einen Augenblick und gibt mir dann zum Trost einen Bibelvers mit auf den Weg, der ihm in schweren Situationen bereits ein Licht der Hoffnung gewesen sei und den auch ich nur allzu gut kenne:

„Und siehe, ich bin bei euch alle Tage
bis an der Welt Ende."[37]

Danach legt er noch seine Hände auf meinen Kopf und segnet mich. Ich spüre die Ermutigung, die in dieser Geste liegt,

---

36 Luftlinie Santiago – Madrid – Zürich
37 Matthäus 28,20

und bin zutiefst bewegt. Am liebsten würde ich ihm um den Hals fallen.

In meinem Glauben gestärkt und voller Zuversicht verlasse ich die Kathedrale. Ich weiß jetzt, dass ich es schaffe werde und mich nicht vom MP unterkriegen lasse! Wieder und wieder spreche ich die Worte Jesu, an die mich der Priester erinnert hat, vor mich hin, damit sie sich ganz tief in meinem Herzen einprägen.

Um Stress zu vermeiden, mache ich mich frühzeitig auf zum Flughafen, der etwa 15 km nordöstlich des Stadtzentrums liegt. Dadurch habe ich genügend Zeit, um vor Ort in aller Ruhe meine Wanderstöcke und den Rucksack so zu verpacken, dass sie als ein Gepäckstück verladen werden können. Das ist notwendig, weil die Stöcke aus Sicherheitsgründen nicht mit in die Kabine dürfen. In der „Hospedería" hat man mir deshalb eigens einen großen Müllsack mitgegeben, in dem ich alles verstauen kann.

Der Rückflug verläuft reibungslos. Da ich mein Gepäck in Santiago bereits bis Zürich durchchecken konnte, brauche ich mich beim Umsteigen in Madrid um nichts mehr zu kümmern. Für den zweiten Teil der Reise habe ich einen Fensterplatz gebucht. In den engen Sitz zu klettern, fällt mir schwer. Die junge Dame neben mir erkennt meine Situation und bietet mir ihren Platz am Gang an, den ich dankbar annehme. Meine größte Sorge bleibt jedoch der „Imperative Harndrang". Ich überlege, wie ich im Notfall am schnellsten zur Toilette komme und was ich mache, wenn in der Schlange beim Aussteigen plötzlich die Blase drückt. Gott sei Dank geht aber alles gut.

In Zürich suche ich mein Gepäck. Panik überfällt mich, als das Förderband leer, mein Rucksack aber immer noch nicht aufgetaucht ist. Ich finde ihn schließlich bei der

Gepäckaufbewahrung. Zwar ist der Müllsack an mehreren Stellen eingerissen, doch sonst ist zu meiner Erleichterung alles heil und vollständig.

Meine Familie wartet derweil schon voller Ungeduld und sorgt sich, weil ich nicht mit den anderen Passagieren meines Fluges aus dem Kontrollbereich komme. Als sie mich endlich sieht, ist sie trotz meiner telefonischen Vorwarnung erschrocken von meinem Anblick. Meiner Frau wird in diesem Moment schmerzhaft bewusst, welches Ausmaß meine Krankheit mittlerweile angenommen hat und was in diesem Zusammenhang noch alles auf unsere Familie zukommen dürfte. Es ist daher für sie der Auslöser, sich alsbald um eine barrierefreie Alternative zu unserer bisherigen Wohnung im 3. Stock zu bemühen.

Mein Resümee der 4. Phase

Meine Ankunft in Santiago erscheint mir wie das Passieren des Scheitelpunktes einer Achterbahn, an dem man einen kurzen Augenblick der Schwerelosigkeit verspürt. Hinter mir liegen fünf Wochen voller Höhen und Tiefen, Begegnungen, Erleb- und Erkenntnisse. Nach einer anfänglichen Leere genieße ich meinen Aufenthalt in der Stadt, die mich all die Jahre wie magisch angezogen hat, und bin ein wenig stolz ob meiner Leistung. Zugleich überkommt mich aber auch Melancholie bei dem Gedanken, dass ich mich nun von liebgewordenen Begleitern trennen muss. Das Feiern mit ihnen, die stimmungsvollen Gottesdienste in der Kathedrale sowie das abschließende Gespräch mit dem Pilgerpfarrer, das mir unvergesslich bleiben wird, erleichtern mir allerdings den Abschied.

Was folgt ist das Wiedersehen mit meiner Familie und die Rückkehr in den Alltag. Dabei bin ich etwas unsicher, wie mir die Wiedereingliederung gelingen wird, war ich doch die vergangenen Wochen ganz auf mich allein gestellt und nur für mich selbst verantwortlich.

Fazit

Als ich mich im April 2015 aufmachte, den letzten Abschnitt meiner 5 Jahre zuvor begonnenen Pilgerreise auf dem Jakobsweg in Angriff zu nehmen, war mir aufgrund der Erfahrungen meiner vorherigen Wanderungen bewusst, dass kein Spaziergang vor mir liegen würde, sondern ein strapaziöser, entbehrungsreicher Marsch, der mich an meine physischen und mentalen Grenzen bringen sollte. Dennoch ließ ich mich auf die Herausforderung ein, wollte ich doch die Spiritualität des Weges nutzen, um einen Ansatz zu finden, wie ich besser mit meiner Parkinson-Erkrankung umgehen und in der Auseinandersetzung mit ihr meine Eigenständigkeit und Würde bewahren kann.

Am Ende bewahrheitete sich der bekannte Sinnspruch, dass der „Camino" einem zwar viel abverlangt, dafür aber mindestens genauso viel zurückgibt, sei es nun in Form der Entschleunigung, die er einem regelrecht aufdrängt, oder durch die bereichernden Gespräche, die man unterwegs mit anderen Pilgern oder den Gastgebern in den Herbergen führt. Am beeindruckendsten und prägendsten war für mich jedoch der Weg selbst mit seinen vielfältigen Landschaften, den ständig wechselnden Witterungsbedingungen sowie der gefühlten Endlosigkeit und Monotonie. Damit hat er meinen mentalen Horizont geöffnet und mich Ehrfurcht vor der Natur und dem Leben gelehrt.

Die Krisen, die ich Verlauf meiner Reise zu überwinden hatte, waren schmerzhaft, brachten mich aber auf meiner Sinnsuche voran und eröffneten mir eine über den Umgang mit meiner Krankheit hinausgehende Perspektive. So musste ich mir gegen Ende meiner Wanderung eingestehen, dass mein Körper den Anforderungen des Weges nicht mehr gewachsen ist. Diese Erfahrung ließ mich an meinem Selbstbild zweifeln und stellte mein Selbstwertgefühl auf eine harte Probe. Andererseits wurde mir dadurch auch bewusst, dass ich mich, wenn schon nicht auf meinen eigenen Körper, dann doch zumindest auf die Kraft Gottes verlassen darf. Hierbei halfen mir einmal mehr die Worte des Apostel Paulus an die Korinther:

„Aber durch Gottes Gnade bin ich, was ich bin."[38]

Für mich bedeutet dieser Satz, dass meine gesamte Existenz darauf beruht, dass Gott mich liebt und mir dieses Leben schenkt. Er ist das Fundament, auf das ich bauen kann. Er gibt mir Rückhalt, gerade in schweren Zeiten.

Daher danke ich ihm bis heute in meinen Gebeten, dass er mir die Kraft gegeben hat, den Weg zu gehen, dass er mir meine Grenze aufgezeigt und mich Demut gelehrt hat. Auch danke ich ihm für seinen Schutz und Segen, den er mir auf meiner Reise durch den Zuspruch und die Hilfe meiner Mitmenschen hat zuteilwerden lassen. Auf diese Weise wurde aus dem „Camino Duro", dem „Harten Weg", ein Weg der Hoffnung und der inneren Einkehr und damit ein Weg zu mir selbst und zu Gott.

Aufgrund der intensiven Erfahrungen, die ich in diesen fünf langen, harten Wochen sammeln durfte, ruhe ich jetzt mehr in mir und stehe in Bezug auf mein Selbst- und Weltbild

---

[38] 1. Korinther 15,10

gefestigter da. Zudem bin ich dadurch gelassener, ja großzügiger im Umgang mit mir und meinen Mitmenschen geworden. Ich habe begriffen, dass ich auf die Hilfe anderer angewiesen bin und diese ohne schlechtes Gewissen annehmen darf. Daraus hat sich ein Gefühl der Dankbarkeit sowie der Wunsch entwickelt, im Rahmen meiner Möglichkeiten etwas zurückzugeben. Darüber hinaus bin ich emotionaler geworden. Das hat mich einfühlsamer, offener und verständnisvoller für die Sorgen der Menschen in meiner Umgebung gemacht. Wo ich früher gesagt hätte „Stell Dich nicht so an, das wird schon wieder", gehe ich nun auf die Anliegen meines Gegenübers ein und höre erst einmal zu.

Des Weiteren habe ich für mich aus den auf meiner Reise gewonnenen Erkenntnissen einen neuen Lebensentwurf geformt, der auf drei Grundpfeilern basiert: Dies ist zum einen die Gewissheit, dass ich mein Heil im Glauben an Gottes Hilfe, Gnade und Frieden gefunden habe. Zum anderen die Hoffnung, dass ich meinen Lebensweg mit Gottes Hilfe ebenso meistern kann wie den Jakobsweg, selbst wenn er gleichermaßen schwer und mühsam verläuft. Und schließlich die Zuversicht, dass ich meine Eigenständigkeit gegenüber dem MP bewahren kann, auch wenn er mir noch so sehr zusetzt – getreu meinem Motto: „Es findet sich immer ein Weg, denn der Glaube kann Berge versetzen."

Epilog

Eine Woche nach meiner Rückkehr aus Santiago suche ich meine Neurologin auf. Sie stellt mir die Verschreibung eines stärkeren Medikaments in Aussicht, sollte sich mein Zustand in absehbarer Zeit nicht bessern. Ich bleibe dennoch zuversichtlich, dass sich mein Körper von den Strapazen der

Pilgerfahrt wieder erholen wird. Einen Monat später, bei meinem nächsten Termin, habe ich dann auch tatsächlich fast schon wieder dasselbe Fitnessniveau erreicht wie vor meiner Wanderung. Zwar muss ich meine tägliche Tablettendosis erhöhen, die „angedrohte" nächste Behandlungsstufe mit einer stärkeren Medikation – und den damit einhergehenden Nebenwirkungen – bleibt mir aber vorerst erspart.

Auf die medizinische Nachbereitung meiner Reise folgt im Februar 2016 die geistliche, womit ich einen Vorsatz aufgreife, den ich an Tag 6 meiner Wanderung auf dem Weg nach Estella gefasst habe. Im Rahmen eines Orientierungsgesprächs mit einem Gastpater der Benediktiner-Erzabtei Beuron erörtere ich die Frage, wie ich mich dem Glauben öffnen und darin mein Heil finden kann.

Mein Gesprächspartner, der aufgrund einer Querschnittslähmung im Rollstuhl sitzt, aber dennoch eine ungemeine Lebensfreude und Zuversicht ausstrahlt, nimmt mir sehr schnell die Illusion einer Heilung infolge des „richtigen" Glaubens. Mit einem solchen Wunder, wie es 2005 einer französischen Ordensschwester widerfahren sein soll, die angeblich nach der Anrufung des kurz zuvor verstorbenen Papst Johannes Paul II. vom MP erlöst wurde, habe ich aber ohnehin nicht ernsthaft gerechnet. Die Krankheit ist und bleibt nun mal unheilbar.

Auch die Frage, wie ich mich dem Glauben öffnen kann, relativiert er. „Glaube", so seine Antwort, sei ein abstrakter Begriff, der sich erst in seiner Umsetzung entfalte, zum Beispiel in einer Glaubensgemeinschaft oder einem sozialen Netz, in dem man aufgefangen wird und Halt findet. Aber auch Rituale könnten dazu beitragen, diesen zu formen und zu festigen, wie etwa regelmäßige Gottesdienstbesuche oder

Treffen mit anderen Menschen, die im Glauben verwurzelt sind.

Ich versuche seither, diese Ratschläge zu beherzigen und weiß mittlerweile, wieviel Wohlbefinden und Geborgenheit daraus erwachsen kann, sich in Gemeinschaft auf den Glauben einzulassen. Meine Suche nach dem richtigen Weg zu Gott ist damit aber nicht zu Ende. Ich halte weiterhin Ausschau nach den „gelben Pfeilen", die mich zu ihm führen.

Anhang

Literatur (Auswahl)

Aebli, Hans: *Santiago, Santiago … – Auf dem Jakobsweg zu Fuß durch Frankreich und Spanien*, 8. Auflage, Stuttgart: Klett-Cotta 2004.

Brass, Karl-Heinz: *Jeder Schritt zählt … – 1006 km Jakobsweg trotz Parkinson*, Pfungstadt: Klarigo 2011.

Brass, Karl-Heinz: *Weiter, immer weiter – meine Erlebnisse auf dem Jakobsweg*, Albstadt: C. M. Brendle 2007.

Cambriels, Marie-Virginie / Clouteau, Lauriane: *Miam Miam Dodo – Camino Francés*, Edition 2015, Les Sables d'Olonne: Les Éditions du Vieux Crayon 2014.

Fischer-Blatt, Margit: *Santiago und kein Ende – Von Überlingen am Bodensee zum Grab des heiligen Jakobus*, 2. Auflage, Überlingen: Fischer-Blatt 2011.

Herbers, Klaus: *Der Jakobsweg – Mit einem mittelalterlichen Pilgerführer unterwegs nach Santiago de Compostela*, 6. Auflage, Tübingen: Narr 1998.

Kamps, Alexander: *3,6 Millionen Schritte Himmel und Hölle*, 2. Auflage, New York: Lifestyle 2013.

MacLaine, Shirley: *Der Jakobsweg – Eine spirituelle Reise*, München: Goldmann 2001.

Rabe, Cordula: *Spanischer Jakobsweg – Von den Pyrenäen bis Santiago de Compostela (Rother Wanderführer)*, 9. Auflage, München: Bergverlag Rother 2014.

Meine Packliste für den Camino

Was das Packen für meine Wanderungen angeht, bin ich grundsätzlich Minimalist, das heißt, „Gewicht" kommt für mich vor „Komfort". Ich gehöre aber auch nicht zu denjenigen, die jedes Ausrüstungsstück auf die Küchenwaage legen. Bei meiner Reise auf dem „Camino" hatte ich Folgendes dabei:

✓ Wanderausrüstung:

Rucksack (32 l) • Trekking-Stöcke • Schlafsack • Brotbeutel • Brustbeutel • Taschenmesser • Taschenlampe • Regenschirm • Becher („Jakobsmuschel") • Löffel • 2 Wasserflaschen à 0,5 l • Navigationsgerät • Digitalkamera (inkl. Ersatz-Akku, Ladegerät, Speicherkarte) • Mobiltelefon (inkl. Ladegerät) • Wäscheklammern & -leine • Nähzeug • Sicherheitsnadeln • wiederverschließbarer Gefrierbeutel • Feuerzeug • Streichhölzer

✓ Bekleidung:

Regenjacke • Regenhose • Zip-off-Trekkinghose • Sonnenhut • Pullover • 3 T-Shirts • 3 Unterhosen • 3 Paar Sportsocken • Badehose • Sandalen

✓ Reiseapotheke:

Parkinson-Medikamente • Mittel gegen Schmerzen, Insektenstiche, Sonnenbrand, Durchfall, Krämpfe etc. • Pflaster • Mullbinden • Blasenpflaster • Desinfektionstücher • Sonnencreme • Lippenschutz • Gehörschutz

✓ Hygieneartikel:

Zahnputzzeug • Duschgel • Mikrofaserhandtuch • Kamm • Nagelschere • Taschentücher • Toilettenpapier • Reisewaschmittel

✓ Sonstiges:

Pilgerausweis („Credencial") • Reiseführer • Unterkunftsverzeichnis • Tagebuch • Kugelschreiber • Personalaus-
weis • Flugtickets • Wörterbuch • Müsliriegel • Studenten-
futter („Eiserne Ration")

***

Da ich bei meiner Wanderung nicht im Zelt übernachtet habe,
reichte mir ein leichter Schlafsack, den ich kompakt in meinem Rucksack verstauen konnte. Für kältere Nächte standen
in den Herbergen zudem meist Wolldecken zur Verfügung.

Mein „Regenschutzkonzept" bestand zum einen aus einer Wanderjacke und einer regenfesten Jeans, die zugleich
als Ersatz für meine Trekkinghose diente, wenn diese in der
Wäsche war. Außerdem nutzte ich einen speziellen Wanderschirm, da mir dieser flexibler und komfortabler erschien als
ein Poncho, unter dem man leicht ins Schwitzen gerät. Das
Wandern mit Schirm und Stöcken verlangt allerdings eine gewisse Koordinationsfähigkeit, die mir mitunter ein wenig ab-
ging.

Anstelle von Landkarten nutzte ich mein altes *Garmin
Quest*®-Navigationsgerät, auf dem ich sämtliche Routen ab-
gespeichert hatte. Moderne Pilger vertrauen dagegen auf ihr
Smartphone und sparen sich so auch gleich die zusätzliche
Kamera sowie Reiseführer und Wörterbuch.

Um meinen Füßen nach den täglichen Etappen etwas Erholung zu gönnen, hatte ich ein Paar Sandalen dabei, nachdem ich bei früheren Wanderungen feststellen musste, dass
sich Badeschuhe nur bedingt für Stadtbesichtigungen eig-
nen.

Die Mitnahme von Wäscheklammern und -leine sowie
von Reisewaschmittel erwiese sich hingegen als überflüssig,

da es in den meisten Unterkünften Wäscheständer und kostenloses Waschpulver gab. Deutlich nützlicher waren für mich die großen Sicherheitsnadeln, die ich universell, zum Beispiel auch zum Wäscheaufhängen, verwenden konnte.

Nicht nur bei Ausrüstung und Kleidung, sondern auch beim Inhalt meines Kulturbeutels war aus Gewichtsgründen Bescheidenheit angesagt. Mit meiner kleinen Tube *Ajona*®-Zahncreme und zwei 100 ml-Fläschchen Duschgel kam ich aber gut über die Runden. Beim Toilettenpapier beherzigte ich ferner den vielfach gehörten Ratschlag, nur eine angebrochene Rolle mitzunehmen, da einem volle angeblich eher gestohlen werden.

Meine Übernachtungsorte auf dem Camino

Tag	Zielort	Herberge	km
1	Orisson	Refuge Orisson	8
2	Roncesvalles	Albergue Roncesvalles	18
3	Zubiri	Albergue Zaldiko	22
4	Pamplona	Albergue Casa Paderborn	21
5	Puente la Reina	Albergue Puente	25
6	Estella	Albergue municipal	23
7	Los Arcos	Albergue La Fuente Casa de Austria	21
8	Viana	Albergue Izar	18
9	Navarette	Albergue El Cántaro	23
10	Azofra	Albergue municipal	23
11	Grañón	Alberque San Juan Bautista	22
12	Espinosa del Camino	Albergue La Campana de Pepe	24
13	Atapuerca	Albergue El Peregrino	22
14	Burgos	Albergue Casa de los Cubos	21
15	San Bol	Albergue San Bol	30
16	Itero de la Vega	Hostal Puente Fitero	26
17	Villalcázar de Sirga	Albergue Tasca Don Camino	29
18	Calzadilla de la Cueza	Albergue municipal	23
19	Sahagún	Albergue Viatoris	21
20	El Burgo Ranero	Albergue La Laguna	20
21	Mansilla de las Mulas	Albergue El Jardín del Camino	19
22	León	Albergue San Francisco de Asís	20*
	Astorga	---	54*
23	Rabanal del Camino	Albergue La Senda	20
24	El Acebo	Albergue La Casa del Peregrino	18
25	Camponaraya	Albergue Naraya	26
26	Trabadelo	Albergue Camino y Leyenda	25
27	O Cebreiro	Casa Carolo	20
28	Triacastela	Albergue A Horta de Abel	19
29	Sarria	Albergue Casa Peltre	23*
30	Ferreiros	Albergue O Mirallos	14
31	Ventas de Narón	Albergue O'cruceiro	22
32	Ponte Campaña	Albergue Casa Domingo	19
33	Boente	Albergue Boente	17
34	Arzúa	Albergue Ultreia	8*
35	O Pedrouzo	Albergue Otero	20*
36	Santiago de Compostela	Hospedería San Martín Pinario	18*

* Taxi oder Bus

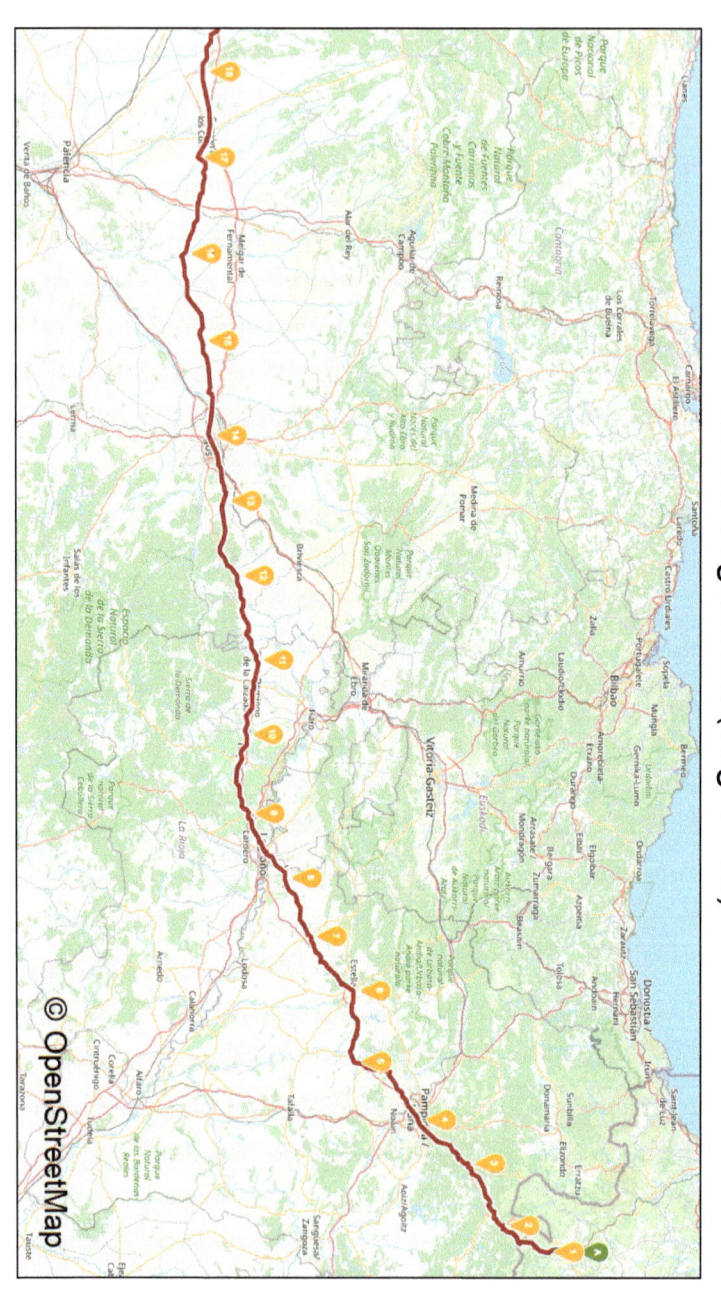

Meine Pilgerroute (Tag 1 - 18)

© OpenStreetMap

Meine Pilgerroute (Tag 18 - 36)

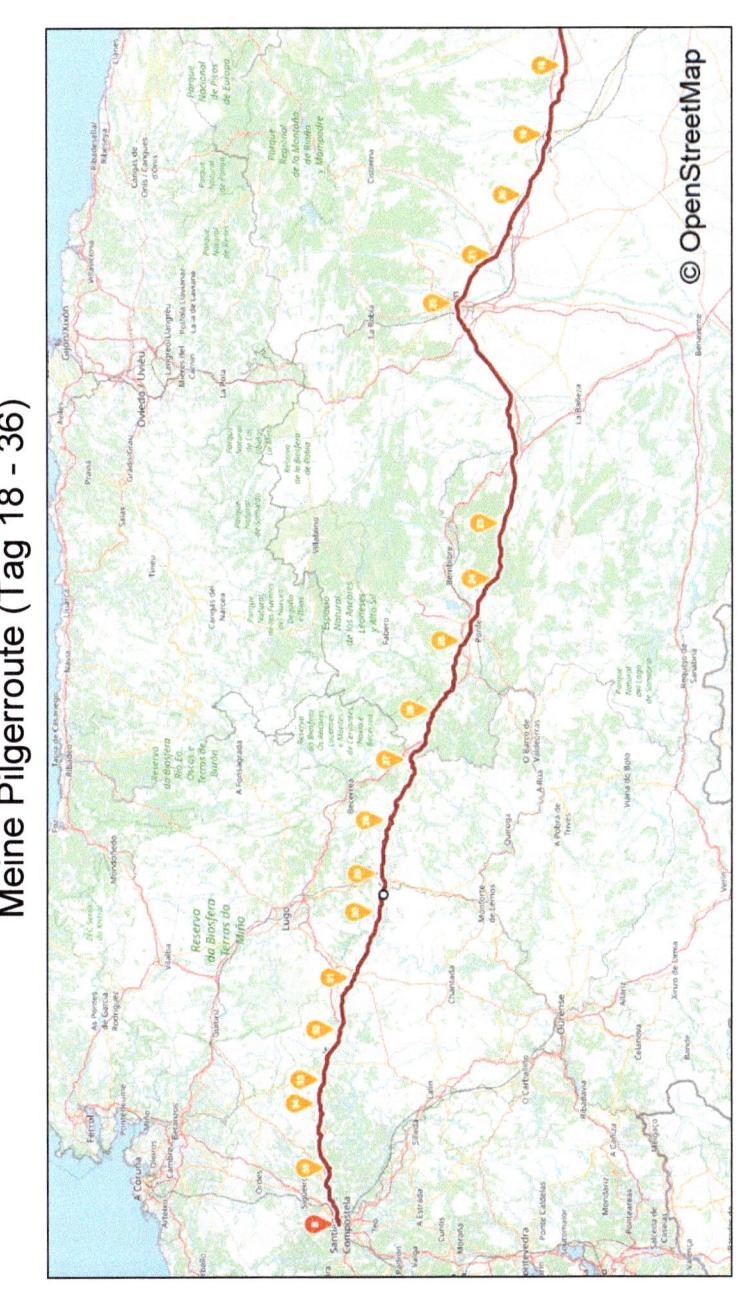

© OpenStreetMap

Für meine Frau und meine Söhne,
die mich bei meinen Wanderungen auf dem Jakobsweg
in ihren Gedanken begleitet haben.